CHRIS FLORES

Um bebê em casa

UM GUIA PRÁTICO COM INFORMAÇÕES, DICAS E CURIOSIDADES, DA GRAVIDEZ AO PRIMEIRO ANINHO

PANDA BOOKS

Diretor Editorial
Marcelo Duarte

Coordenadora editorial
Tatiana Fulas

Assistente editorial
Vanessa Sayuri Sawada
Juliana Paula de Souza

Assistente de arte
Alex Yamaki

Estagiária
Leika Regina Inoue

Projeto gráfico e diagramação
107 artedesign

Ilustrações
Fabiana Shizue

Colaboração
Lívia Laranjeira
Lia Lehr

Fotos de capa
Ricardo Corrêa

Preparação de texto
Tuca Faria

Revisão
Carmen Tereza Simões da Costa
Alexandra Costa

Impressão
Corprint

Colaboração na elaboração teórica dos conteúdos específicos sobre o desenvolvimento infantil:
Teresa Ruas, porta-voz da Fisher-Price, terapeuta ocupacional especializada em desenvolvimento infantil.

CIP – BRASIL. CATALOGAÇÃO NA FONTE
SINDICATO NACIONAL DOS EDITORES DE LIVROS, RJ

Flores, Chris, 1977-
Um bebê em casa: um guia prático com informações, dicas e curiosidades da gravidez ao primeiro aninho/ Chris Flores . – 1.ed. – São Paulo: Panda Books, 2011. 136 pp.
il.

Inclui índice
ISBN: 978-85-7888-131-3

1. Gravidez – Obras populares. 2. Nascimento – Obras populares. 3. Lactentes – Cuidado e tratamento – Obras populares. I. Título.

11-4776 CDD: 649.1
CDU: 649.1

2011

Um selo da Editora Original Ltda.
Rua Henrique Shaumann, 286, cj. 41
05413-010 – São Paulo – SP
Tel./Fax: (11) 3088-8444
edoriginal@pandabooks.com.br
www.pandabooks.com.br
twitter.com/pandabooks
blog.pandabooks.com.br
Visite também nossa página no Facebook e no Orkut.

À minha razão de viver, meu filho Gabriel;
ao meu amor e marido, que me deu de presente meu
bebê; à minha mãe, que me ensinou a ser mãe;
ao meu pai, que sempre acreditou em mim; ao meu
irmão, o primeiro bebê de que cuidei com amor;
à minha família, que me deu suporte e amor
para ser quem sou.

Agradecimentos

Dra. Alessandra Cavalcante, *pediatra*

Dr. Alfonso Massaguer, *ginecologista e obstetra*

Andréia Monteiro, *personal trainer*

Dra. Bárbara Murayami, *ginecologista e obstetra*

Prof. Cláudio Basbaum, *ginecologista e obstetra*

Dr. Edilson da Costa Ogeda, *ginecologista e obstetra*

Dra. Ellen Simone Paiva, *endocrinologista e nutricionista*

Dra. Flávia Addor, *dermatologista*

Dr. Geraldo de Lima Rodrigues, *ginecologista e obstetra*

Dra. Maria Grupi, *psicóloga e pedagoga*

Dra. Maria Luiza Cruvinel, *psicóloga, terapeuta de família e sexóloga*

Dra. Maria Rita de Souza Mesquita, *ginecologista e obstetra*

Dr. Moisés Chencinski, *pediatra e homeopata*

Regina Stikan, *nutricionista*

Roseli Ueno Ninomiya, *nutricionista*

Dra. Sineida A. R. C. Girão, *pediatra*

Dr. Tadeu Fernando Fernandes, *pediatra*

Vanessa Guimarães, *decoradora*

Prefácio

O tema deste livro é muito curioso, interessante e atual. Ele é completo. Por isso, trata-se também de um livro de consulta.

De fato, Chris Flores analisa com rara propriedade, inteligência e emoção todas as passagens e desafios pelos quais as mulheres nessa fase da vida se defrontam, com maior ou menor dificuldade. A cada momento, a autora propõe soluções bastante práticas, aumentando a força e a importância deste livro. Por fim, é bem escrito – de forma que a leitura, além de fácil, é agradável.

Dado todas essas facilidades, tenho certeza de que os leitores, à medida que forem adquirindo conhecimento com este livro, vão recomendá-lo de tal maneira que felizmente suas informações serão propagadas. E isso é muito bom! Belo livro! Parabéns, Chris!

Dr. Geraldo Rodrigues de Lima
Ginecologista e obstetra

(Dr. Geraldo foi escolhido para escrever este prefácio por motivos profissionais e afetivos: por ser notória sua relevância profissional, por sua contribuição à medicina brasileira, por ser o professor dos professores, e por ser o responsável pela minha saúde e pelo nascimento do Gabriel.)

4 *Um bebê em casa* 75

Conclusão 134

Introdução

DESDE PEQUENAS, NÓS, MENINAS, APRENDEMOS A BRINCAR DE CASINHA, DE BONECA E DE PANELINHA...

Nossas histórias preferidas são as que envolvem uma princesa à espera de seu príncipe no cavalo branco para viverem felizes para sempre em um palácio. Resultado: crescemos desejando encontrar nossa cara-metade, casar com lindos vestidos de contos de fadas, ter uma casa e uma família perfeitas. Será que isso é possível? Então, respondo com outra pergunta: por que não?

Talvez o seu companheiro não apareça em um cavalo branco, mas possa ser encantado aos seus olhos. Pode ser que sua casa não se pareça com um castelo, porém, é o lugar onde você se sente a mais feliz no mundo. E seu filho? Não tem nada a ver com a boneca com que você costumava brincar, certo? Ele se mexe enquanto você tenta trocar aquela fralda sem fazer sujeira, chora quando você quer dormir, não mama na hora certa e não responde aos seus comandos. Ainda bem que ele faz tudo isso! Trata-se de uma criança, do ser vivo mais encantador que você já viu no planeta. Ele despertou em você esse amor incondicional que torna você mais mulher.

O bebê tem o poder de transformar você no que sempre sonhou. Olhe bem nos olhinhos dele, sinta esse amor puro e verdadeiro e pense na sua vida. Depois da chegada dele, você não se sente linda e poderosa como uma representante da realeza? Não agradece todos os dias por seu companheiro ter aparecido no seu caminho e lhe dado esse presente? Sua casa não ficou completa? Sua vida não ganhou sentido? Parabéns! Você é uma princesa e não sabia.

Um filho é o melhor motivo para agradecermos todos os dias por sermos mulheres. Este livro é para você se lembrar todos os minutos de que criar um filho é uma batalha diária, mas também que, com informação, podemos enfrentá-la da melhor maneira possível. E também para você lembrar de não se esquecer de si mesma, pois esse novo ser precisa da mãe dele como ele sonhou: perfeita! Fácil, certo? Afinal, você é uma princesa.

1

Estou grávida. E agora?

A viagem começa com um atraso. Bem, não é exatamente a viagem que está atrasada, mas é o tal atraso que levanta as primeiras suspeitas sobre a jornada que está para começar. Depois, uma espera de cinco minutos (uma eternidade!) confirma quem está pronto para embarcar. A passagem, um risquinho colorido em um teste de farmácia, é o que faz tantas mulheres explodirem de alegria. Que delícia! Você já se imagina com um barrigão, seios cheios de leite, e sente um bebê mexendo dentro do seu útero – mesmo que seja um ser em processo de formação.

Os testes de farmácia costumam ser a primeira confirmação da gravidez, mesmo não sendo 100% confiáveis. Quando, depois do exame de sangue, o veredicto é definitivo, não há mais volta: o avião já decolou em direção a uma viagem que, apesar de algumas turbulências, apresentará um mundo novo de surpresas, alegrias e amor incondicional aos passageiros.

Então, aproveite o período de gestação. Tenha desejos, entre na fila especial, peça massagens, sente-se no banco que as pessoas cedem a você e não recuse mimos. Curta sua barriga e a sensação de ser a mulher mais especial do mundo.

Mas e agora? Como lidar com mudanças, dúvidas, tantas opiniões diferentes? Todo mundo – da sua mãe à faxineira da sua vizinha – parece saber o que é melhor para você. Acostume-se a ouvir conselhos dos mais diversos, sem deixar que eles substituam as suas escolhas.

A partir de agora, você é responsável não só por si mesma, mas pelo bebê que está carregando. Informe-se, prepare-se. As descobertas, às vezes assustadoras, são parte da viagem, e você vai adorar cada detalhe!

PRÉ-NATAL

Tendo planejado ou não esta primeira gestação, o primeiro passo é escolher aquela pessoa que vai acompanhar a sua gravidez nos mínimos detalhes. Não se trata de eleger uma amiga ou o pai do bebê. É claro que eles podem – e devem! – estar presentes e dar-lhe todo o apoio, mas muito provavelmente ficarão tão assustados e perdidos quanto você. Seus pais, sogros ou amigos mais experientes também podem narrar as próprias vivências e dar dicas, mas nem sempre as escolhas deles serão as melhores para você. Lembre-se também de que as gestações da sua mãe e da sua sogra já aconteceram há aproximadamente vinte anos (ou mais). Portanto, muita coisa mudou e se modernizou de lá para cá, e você pode estar mais bem informada. Além disso, as histórias contadas por parentes serão sempre marcadas pelo laço afetivo que eles têm com você e pela torcida para que sua gestação seja tranquila e o bebê saudável. Em outras palavras: quando a emoção entra em campo, não dá para confiar por completo. Por isso, você vai precisar de um obstetra que te guie sem interferências nos momentos de dúvidas e angústias.

A situação ideal, mas que nem sempre é possível, é escolher o obstetra antes de engravidar. Se você engravidar sem planejamento, mas já tiver um ginecologista fixo que também atua como obstetra, será meio caminho andado. Se não, peça indicações a amigas que tiveram filhos antes de você, aos outros médicos que te atendem e use a internet para conhecer um pouco sobre os nomes sugeridos. Pesquise principalmente no site do Conselho Regional de Medicina do seu estado para saber se o médico é cadastrado ou ligue para lá e busque informações. Mas, antes de bater o martelo definitivamente, algumas questões devem ser levadas em consideração.

A primeira dica, a mais óbvia, é um conselho que você deve manter em mente em 90% das situações que enfrentar durante a gravidez: trata-se de uma escolha pessoal. Claro, o médico deve ter algumas qualificações obrigatórias, como ser formado em medicina com especialização em obstetrícia. Contudo, é muito importante que você goste dele. Sim, é exatamente isso que entendeu: você tem de "ir com a cara" do obstetra, não importa quanto isso pareça um julgamento superficial. Já imaginou ter de conviver e, mais do que isso, confiar em uma pessoa por quem você não tem simpatia?

Também é fundamental levar em conta a questão financeira. O seu plano de saúde cobre as consultas do obstetra? Existe a opção de reembolso? Se não, você está disposta a (e tem condições de) arcar com as despesas? Lembre-se que entre exames e consultas, você desembolsará uma boa quantia, além dos gastos com enxoval, quarto do bebê etc.

Outra questão importante é a rapidez com que o médico responde às suas dúvidas e a facilidade (ou não) com que você conseguirá agendar suas consultas. Essa é uma fase de mudanças e situações novas, e o médico deve estar por perto para te acalmar e aconselhar em meio a uma crise.

Se você gostou do médico e ele atende aos requisitos básicos, recomenda-se que, logo na primeira consulta, você fale sobre as suas expectativas para a gestação e, especialmente, para o parto. Se ele desconversar ou for vago na resposta, vale até dar uma sondada com a secretária e outras pacientes, para saber se ele é do tipo que força uma cesariana em todos os casos, com todas as pacientes. Às vezes, se você sonha com um parto menos convencional, como o parto natural na água, o próprio obstetra poderá não se achar apto para o procedimento e recomendar outro profissional.

CONSULTAS

Ao começar o pré-natal, o ideal será você agendar consultas mensais até aproximadamente o sexto mês – ou 28ª semana da gravidez. Aqui cabe um parêntese: muitos pensariam que a 28ª semana corresponde ao sétimo mês de gestação, mas, na padronização adotada pelos médicos, significa que a gestante está entrando no sétimo mês, ou seja, está com seis meses completos. Até esse período, portanto, consultas mensais são suficientes, porque não há grandes modificações de um mês para o outro. Isso se você não apresentar algum fator de risco, como hipertensão, diabetes ou doença infectocontagiosa.

A partir da 28ª semana, os encontros com o seu obstetra passam a ser quinzenais, e essa frequência deve ser mantida até a 36ª semana. Isso porque existem algumas complicações que podem acontecer exatamente nessa fase. É claro que pode ser que não aconteça nada – e, na maioria dos casos, não acontece mesmo –, mas é sempre melhor ser assistida de perto. Além disso, nesse período, a futura mamãe começa a ficar muito ansiosa com a aproximação do parto, e o contato com o obstetra pode dar mais tranquilidade.

A partir da 36ª semana, as consultas passam a ser semanais, justamente porque é nessa época que acontecem as grandes modificações preparatórias para o parto, e todos os sintomas mudam muito de uma semana para a outra (ver página 34).

EXAMES OBRIGATÓRIOS PARA A MÃE

Hemograma completo – Deve ser feito logo no começo da gestação e serve para identificar sinais de anemia ou infecção.

Tipagem sanguínea – Feito no primeiro trimestre, determina se a gestante é Rh positivo ou negativo. Caso ela seja Rh negativo e o pai, Rh positivo, alguns cuidados devem ser tomados para evitar que a mãe rejeite o bebê como um corpo estranho dentro do seu organismo. Nesse caso se o bebê também for Rh positivo pode haver incompatibilidade e a criança nascer com uma grave icterícia. Além disso, até 72 horas após o parto, a mãe Rh negativo de um bebê Rh positivo precisa tomar uma vacina para proteger as próximas gestações.

Sorologia para sífilis (VDRL e FTA-ABS) – Verifica a presença do micro-organismo *Treponema pallidum*, que causa sífilis. Caso a doença não seja tratada, o parto poderá ser prematuro, além disso, o bebê poderá apresentar malformações ou até morrer. O exame deve ser feito logo no primeiro trimestre e, em caso de pacientes de risco, deve ser repetido na 36ª semana de gestação.

Sorologia para HIV – Determina a presença do vírus. Se for detectado cedo e a gestante passar por um tratamento adequado, as chances de o bebê contrair o vírus diminuirão. Em caso de resultado positivo, outro teste é pedido para confirmar o diagnóstico.

Sorologia para hepatite B – Analisa a existência do vírus causador da hepatite B no organismo da mãe. Se ela for portadora do vírus, a criança terá entre 70% e 90% de chance de adquirir hepatite B, e entre 85% e 90% de ser portadora crônica. O tratamento do recém-nascido com imunoglobina e vacina para hepatite B reduz o risco em 85% a 90%.

Sorologia para hepatite C – Verifica a existência do vírus causador da hepatite C no organismo da mãe. As pessoas que sofrem com a doença têm probabilidade de 40% para cirrose hepática e 40% para câncer de fígado. Se o bebê for contaminado terá a mesma probabilidade para essas doenças graves, pois a infecção leva a problemas crônicos no fígado.

Sorologia para toxoplasmose – Verifica a presença, na gestante, do protozoário *Toxoplasma gondii*, que pode ser transmitido para o bebê através da placenta. Entre os problemas apresentados pelo recém-nascido, os mais comuns são hidrocefalia e cegueira congênita, podendo causar até a morte.

Sorologia para rubéola – Detecta se a gestante já contraiu rubéola, uma doença que pode causar malformações no bebê, parto prematuro ou até aborto.

Sorologia para citomegalovírus – Se a gestante contrair a doença durante a gravidez, o risco é de que, passado para o bebê, o vírus cause problemas como surdez congênita.

Urina 1 e urocultura – A partir da coleta de urina, o exame, que deve ser repetido a cada trimestre, detecta qualquer infecção urinária na mulher. Se não forem tratadas, essas infecções poderão levar ao parto prematuro.

Papanicolau (citologia oncótica do colo e da vagina) – Exame preventivo para câncer do colo do útero. Deve ser realizado anualmente, mesmo durante a gestação.

Ultrassom básico obstétrico endovaginal ou transvaginal – É o primeiro dentre muitos ultrassons que a gestante deverá realizar. Feito logo no primeiro trimestre, ele comprova a presença do embrião dentro do útero, mostra o número de embriões e também serve para determinar o tempo de gravidez.

Translucência nucal – Este exame não está incluso na lista dos exames cobertos pelo SUS, mas é muito importante, visto que, com outros fatores, determina os riscos de o bebê apresentar síndrome de Down.

Teste oral de tolerância à glicose (TOTG) – O último dos exames feitos durante o primeiro trimestre, o TOTG serve para diagnosticar o diabetes especialmente em pacientes que apresentam fatores de risco, como antecedente familiar, obesidade ou feto com peso maior ou igual a quatro quilos.

Ultrassom morfológico – Realizado por volta da 12ª semana de gestação, avalia a anatomia do bebê, ajuda, assim como a translucência nucal, a verificar a presença de deficiências cromossômicas como a síndrome de Down e possíveis malformações. Também pode indicar o sexo do bebê.

Ultrassom obstétrico – Já no terceiro trimestre, o ultrassom obstétrico vai analisar a evolução do feto: crescimento, frequência cardíaca, formação dos órgãos e membros, placenta e quantidade de líquido amniótico.

Ultrassom obstétrico com dopplervelocimetria colorida – Deve ser feito a partir da 28ª semana de gestação e mede a resistência vascular do feto. É ainda mais indicado em casos de gestantes hipertensas.

Cardiotocografia – Deve ser feito logo que a gestante entrar em trabalho de parto, para avaliar a situação em que o bebê se encontra. Também são checados os batimentos cardíacos e a contração uterina.

SINTOMAS COMUNS NA GESTAÇÃO

Você pode passar por muitas das situações listadas aqui. Todas devem ser observadas e comunicadas ao obstetra, para que você saiba se está dentro dos padrões aceitáveis ou se precisa de ajuda médica.

- Náuseas e vômitos
- Dor nas mamas
- Urina frequente (sem dor)
- Perda de urina ao realizar esforço
- Sonolência
- Insônia
- Palpitação
- Tonturas
- Falta de ar
- Dores nas costas e no baixo-ventre
- Azia
- Prisão de ventre
- Gases
- Salivação
- Sangramento da gengiva
- Alteração de humor
- Dores de cabeça ocasionais
- Inchaço
- Cãibras
- Hemorroidas e varizes
- Escurecimento e aumento de manchas de pele e verrugas
- Contrações uterinas (principalmente quando há nervosismo e muita atividade física)
- Corrimento vaginal (sem odor desagradável ou ardor)

GRAVIDEZ DE RISCO

Existem dois tipos de gestação de risco: a materna – causada por problemas clínicos da gestante, como diabetes e hipertensão, e idade acima dos quarenta anos – e a fetal – que são alterações ligadas ao bebê, como gestação múltipla e malformação. Os riscos para mãe e bebê variam de acordo com o caso. A incidência de parto cesariana é maior em casos de alto risco, mas nem sempre esse tipo de gestação obrigatoriamente impossibilita o parto normal. O fundamental é que os exames e o pré-natal, nesses casos, sejam ainda mais rigorosos.

ATIVIDADE FÍSICA

Se você, antes de engravidar, já mantinha uma rotina de exercícios físicos frequentes, nada a impede de continuar com os seus hábitos. Não apenas é permitido como também é recomendado que se mantenha ativa. Claro, com bom-senso. Mas atenção: práticas que podem levar a traumas, como hóquei, rúgbi ou andar a cavalo devem ser interrompidas. Assim como competições. Exercícios com impacto, como corrida, estão liberados, desde que você se sinta bem, não apresente sangramentos ou riscos e faça acompanhamento com profissionais da área de educação física. Sempre peça a avaliação do seu médico.

Para as mais sedentárias, que não praticavam esporte antes da gravidez, nunca é tarde para começar, mas vá com calma. Nessa fase, a palavra de ordem é moderação. Você pode fazer caminhadas, musculação, hidroginástica ou outras práticas mais leves, para avaliar como se sente.

Você não deve ficar ofegante durante o exercício e muito menos ter falta de ar. Saiba que, à medida que o útero cresce, seu diafragma é pressionado para cima, diminuindo a amplitude da expansão dos pulmões. Sendo assim, sua respiração ficará diferente, mais cansada. Também controle a sua frequência cardíaca, para que não ultrapasse os 130 batimentos por minuto, já que em gestantes ela aumenta em até 20%.

Conforme a gestação for se encaminhando para o final, naturalmente você reduzirá a carga de exercícios físicos, até por uma questão de conforto. Jamais ultrapasse o limite do cansaço. A barriga vai começar a pesar, e se antes você conseguia caminhar uma hora diariamente, a essa altura isso não será mais possível.

DORES NAS COSTAS

A falta de atividade física também pode contribuir para as dores nas costas, sabia? Não só ela, mas também o aumento de peso, a má postura durante o dia e na hora de dormir, a retenção de líquido e o uso de sapatos de salto alto. A mulher pode sentir dois tipos de dor na coluna: a lombar – na altura da cintura – e a pélvica – no baixo-ventre e na região dos quadris. A dor acontece por causa do deslocamento do centro de gravidade e da acomodação do eixo de equilíbrio, que ocorrem por causa do aumento de peso e da frouxidão nos ligamentos – resultado da mudança hormonal para permitir a dilatação da região da bacia no parto. Atividades como ioga e hidroginástica ajudam a atenuar o problema. Também é importante o contrário: fazer repouso. Na hora de dormir, deite-se de lado, e coloque travesseiros entre as pernas e como apoio para a barriga.

SEXO DURANTE A GRAVIDEZ

A gravidez é um período de adaptações não apenas físicas, mas também emocionais, existenciais e sexuais. A sua sexualidade pode mudar muito durante a gestação. E, acredite, apesar de alguns inconvenientes, a mudança geralmente é para melhor. Nessa fase, a mulher se sente muito mais bonita e interessante e, se conseguir driblar os enjoos e o cansaço, a relação com o seu companheiro ficará ainda melhor. Os hormônios estão a mil e o desejo quase sempre aumenta.

É claro que esse tipo de aproximação também depende do homem. Caso ele fique um pouco receoso, com medo de machucar e prejudicar a gestação, tome a iniciativa e indique a posição na qual você se sente mais confortável. Nunca deite de bruços nem apoie todo seu o peso ou o do parceiro em cima da sua barriga. Deitar de lado é uma boa pedida!

A atividade sexual segura durante a gravidez é fundamental para a saúde da mãe e da criança. Se houver sangramento vaginal ou perda de líquido, interrompa a relação e ligue imediatamente para o obstetra. Depois do parto, não faça sexo por pelo menos quarenta dias, o famoso período de resguardo.

PRIMEIRO TRIMESTRE

Se o mal-estar não for muito intenso, a vida sexual do casal continuará praticamente normal. A única diferença será um medinho de machucar o bebê – mas não se preocupe, isso não irá acontecer. Depois que vocês se acostumarem com a ideia, tudo irá fluir naturalmente. Só evite penetrações muito profundas.

SEGUNDO TRIMESTRE

Entre o quarto e o sexto meses, você vai passar muito bem. Além de não sofrer mais com enjoos, você se sentirá mais bonita, já que a essa altura a barriga começa a crescer, os seios ficam volumosos e as primeiras mudanças efetivas no corpo acontecem. A sexualidade nesse período chega até a surpreender: por conta das mudanças hormonais, você poderá até se sentir mais interessada pelo companheiro. Aproveite a fase. Em termos de posições, as mais indicadas são aquelas em que você se sente melhor. O peso e o volume da barriga podem começar a atrapalhar, então, mantenha-se deitada, preferencialmente de lado. Se optar por ficar de barriga para cima, coloque um travesseiro (ou mais) embaixo do quadril para deixá-lo mais alto.

TERCEIRO TRIMESTRE

Quando a barriga fica muito grande, a tendência é haver uma redução da atividade sexual. Nessa fase, a posição mais confortável acaba sendo deitada de lado em concha ou sentada, quando você não tem de segurar o peso da barriga. Evite sexo nas últimas oito semanas.

SEXO PODE CAUSAR O NASCIMENTO PREMATURO DO BEBÊ?

É verdade que algumas substâncias presentes no esperma podem estimular a contração uterina e antecipar o nascimento do bebê, mas a frequência com que situações como essa acontecem é pequena. Se preferir, use preservativo. Caso aconteça algum problema ou alteração e seu obstetra lhe peça para reduzir a atividade sexual, mantenha acesa a chama da relação com carinhos e aconchego. Nesses casos – e na gestação como um todo –, a sexualidade se mantém através da adaptação não só das posições, mas do comportamento sexual do casal. Tanto você quanto o seu companheiro terão de rever alguns conceitos.

FALTA DE DESEJO

Se algumas mulheres têm seu desejo aumentado nesta fase, outras passam pela situação oposta. O aumento da progesterona na gravidez pode influenciar na falta de libido.

Não podemos esquecer que é uma época de muitas transformações e adaptações físicas, emocionais, existenciais e claro, sexuais. Os seios ficam sensíveis, a mulher pode sentir náuseas, dores de cabeça, cansaço, sonolência e aumento na frequência urinária. Tudo o que nos faz querer distância do sexo. Algumas enjoam até do cheiro do marido. Pode ainda haver conflitos entre o papel de amante, esposa e mãe. A gestante passa a ser vista como um ser idolatrado, puro, sem atrativo sexual. A solução é: diálogo entre o casal. Vocês precisam ter em mente que os hormônios vão voltar ao seu nível normal e a relação, idem. Ou pode ficar até melhor! É só uma questão de tempo. Porém, se a falta de libido continuar, converse com seu médico e até, quem sabe, busque ajuda com um terapeuta de casais.

ALIMENTAÇÃO DA MÃE

É preciso ter em mente que o que você ingere agora irá alimentar duas pessoas. Ou seja, sua responsabilidade na hora de comer é dobrada. Isso não significa comer por dois, ao contrário – olhe o peso! –, mas alimentar-se corretamente, com mais inteligência e disciplina.

O QUE COMER?

Desde dois meses antes até a 12ª semana, ou seja, entrando no terceiro mês de gestação, é importante que você faça uma suplementação de ácido fólico, incluindo na sua dieta alimentos como cereais integrais, espinafre, fígado, castanhas, nozes, amendoins, cogumelos e ervilhas. Além de prevenir a anencefalia (malformação do cérebro do feto), o ácido fólico também diminui as chances de um parto prematuro e reduz os enjoos. Invista em alimentos ricos em vitaminas e minerais para prevenir anemia e problemas com cálcio. Aliás, converse com seu médico sobre a necessidade de se tomar ferro, vitaminas e cálcio após a oitava semana (segundo mês).

Também é fundamental estar sempre bem hidratada, porque isso ajuda seu organismo a funcionar melhor. Mas entenda: isso não significa tomar uma garrafa de água de uma vez. Para ter uma boa hidratação, você deve tomar ao longo do dia entre seis e oito copos de água (o equivalente a um litro e meio). Apesar disso, evite ingerir líquidos – até mesmo água – durante as refeições.

Outro conselho é beber pelo menos quatro copos de leite ao dia. O leite é fonte de cálcio e proteína, algo que você precisa priorizar na sua alimentação. Assim como ingerir alimentos ricos em ômega 3. Prefira carnes (de preferência fígado, peixes e aves), ovos (cozidos), verduras de folhas escuras, frutas, derivados do leite (queijo fresco, iogurte, ricota) e gelatinas. Evite frituras, gorduras, refrigerantes e excesso de hidrato de carbono (arroz, macarrão, pão e doces).

A gestação pode ser um bom período para adquirir novos – e saudáveis – hábitos. Se você é – ou era – do tipo que come besteira todos os dias, pense no mal que isso pode fazer para o seu bebê e aproveite para mudar a dieta definitivamente. Convença seu parceiro a acompanhar você nessa mudança, e se esforce para manter os bons hábitos mesmo no pós-parto e durante a infância do seu filho. Procure fazer pequenas refeições, com intervalos de três a quatro horas, e consuma pelo menos três porções de frutas por dia, além de elaborar uma dieta balanceada, com verduras, legumes, carboidratos e proteínas. Quanto mais colorido o prato, melhor.

ALIMENTOS PROIBIDOS

Risque do seu cardápio carnes malpassadas e cruas, como sashimi, ceviche, tartare, carpaccio e quibe cru. Ovo cru também não deve ser consumido. Esses alimentos, quando mal preparados ou malconservados, podem transmitir toxoplasmose, salmonelose e outras verminoses; além de risco de diarreia que, em uma gestante, pode trazer consequências mais sérias.

Outros alimentos que devem ser cortados, pelo menos durante a gestação, são todos aqueles que podem estimular a contração uterina. Produtos que contenham aloe vera (babosa), por exemplo, e chás com poder laxativo estão proibidos. Além disso, quaisquer alimentos de origem duvidosa são perigosos, inclusive as saladas, que devem ser sempre lavadas e até desinfetadas.

Na dúvida, evite qualquer alimento ou condimento em excesso. Muito sal e alimentos ricos em sódio, por exemplo, podem fazer mal para você e para o bebê. Eles muitas vezes causam inchaço e alteração da pressão arterial, o que leva à eclâmpsia (afecção grave que tem como sintomas hipertensão e edema, na qual podem ocorrer convulsão e coma), levando a prematuridade, ou mesmo, a interrupção da gravidez. Adoçantes também devem ser evitados, apesar de estudos recentes não serem definitivos ou contundentes quanto à influência deles na formação do bebê. Ainda assim, procure um nutricionista para orientá-la sobre o consumo e converse com seu médico.

ENJOO

Comum principalmente durante o primeiro trimestre de gestação, o enjoo é causado por hormônios e pelas alterações que seu corpo sofre para abrigar o bebê durante nove meses. As mudanças hormonais fazem, muitas vezes, com que as mulheres fiquem mais sensíveis a cheiros e gostos fortes, além de aumentar a acidez no estômago. Existem alguns cuidados simples para reduzir esse desconforto:

◆ Coma, no máximo, a cada três horas. Comer grandes porções poucas vezes por dia pode intensificar o enjoo.

◆ Deixe ao lado da cama alimentos secos, leves e de fácil digestão, como torradas ou bolacha de água e sal. Ao acordar, mesmo antes de tomar o café da manhã, ingira um desses alimentos.

◆ Não abuse de comidas muito quentes, gordurosas, doces ou ácidas (às vezes, dá vontade de chupar limão, acredita?).

◆ Evite também bebidas com cafeína, como café, chá verde e refrigerante, que podem prejudicar a digestão. Entre as bebidas, opte pelas mais geladas e refrescantes, como sucos naturais e água de coco. Excesso de cafeína pode provocar aborto.

◆ Por conta da sensibilidade aguçada, mantenha distância de alimentos com temperos ou cheiros fortes, que sobrecarregam a digestão, aumentam a produção de suco gástrico e pioram o enjoo.

◆ Alimentos que produzem gases também devem ser evitados, entre eles repolho, brócolis, couve, feijão, couve-flor e creme de leite.

◆ Faça o possível – e o impossível – para que sua última refeição seja feita, pelo menos, uma ou duas horas antes de você ir se deitar. Dormir logo depois de comer potencializa o enjoo e provoca azia. Também é indicado repousar de oito a nove horas durante a noite e de quarenta a sessenta minutos após o almoço.

◆ Se o enjoo persistir, coloque gotas de limão na água e beba. Picolé de limão também pode ajudar a diminuir a náusea.

AZIA

Durante a gestação, muitas mulheres sofrem com azia. Os movimentos peristálticos (movimentos involuntários que empurram o alimento ao longo do canal alimentar) tornam-se mais lentos na gestação. Com isso, os alimentos passam mais tempo no estômago e os refluxos aumentam. O problema se acentua no final da gestação, por causa dos altos níveis de progesterona e devido ao aumento do tamanho do útero, que chega a comprimir o estômago. Dessa forma, o ácido do estômago reflui para dentro do esôfago. Alguns alimentos pioram ainda mais a azia: ketchup, bebidas gaseificadas e condimentos como pimenta, alho e curry, que irritam o estômago. Doces, compotas e alimentos gordurosos também devem ser evitados, pois levam mais tempo para ser digeridos. Para melhorar a digestão, e assim minimizar a azia, mastigue bem durante as refeições. Na hora de dormir, use vários travesseiros e fique mais sentada. Isso minimiza o refluxo, que aparece mais rápido quando estamos deitadas.

ANEMIA GESTACIONAL

Sentir certos desconfortos constantemente e em excesso – como sono, cansaço, falta de ar, desânimo, palpitação, dor nas pernas e sonolência – é sinal de que algo está errado. Pode ser anemia gestacional. Existem dois tipos da doença: a "anemia da gravidez", causada pelo aumento do volume de sangue no corpo da mulher e que não oferece perigo; e a "anemia na gravidez", quando a mulher já apresentava quadro de anemia antes de engravidar. Neste último caso, é preciso tratamento, para o quadro não se agravar e colocar em risco a saúde de mãe e filho.

Em geral, a anemia ocorre por um desequilíbrio entre a "produção" e o "consumo" de sangue. Numa anemia muito grave, a mãe pode vir a ter até insuficiência cardíaca, e o bebê poderá apresentar restrição de crescimento no útero. Por isso, é importante fazer exames com regularidade para um diagnóstico precoce e ingerir frutas, verduras de folhas escuras, carnes vermelhas e leguminosas, alimentos ricos em ferro e em vitamina C, que aumentam a absorção de ferro no organismo.

DIABETES GESTACIONAL

Alguns fatores são considerados de risco para o desenvolvimento de diabetes gestacional: idade acima de trinta anos; obesidade ou ganho excessivo de peso na gestação; hereditariedade (história de diabetes na família); casos anteriores de aborto ou de morte fetal não esclarecidos; hipertensão arterial e história de partos anteriores com recém-nascidos com peso acima de quatro quilos.

O diabetes gestacional acontece geralmente a partir da 26ª semana de gravidez. A mulher desenvolve a doença durante a gestação porque produz uma quantidade insuficiente, para ela e para o bebê, de insulina, hormônio importante no controle da glicemia (açúcar do sangue). Em muitos casos, ela volta ao normal após o nascimento. Além de controlar os fatores de risco já mencionados, é essencial que se façam exames para checar a taxa de açúcar no sangue durante o pré-natal e a partir da 26ª semana, exercícios físicos e dieta equilibrada. Toda grávida com diabetes, seja do tipo 1, tipo 2 ou gestacional, precisa ser bem acompanhada por uma equipe multidisciplinar: ginecologista e obstetra, endocrinologista e nutricionista.

COMA APENAS POR VOCÊ!

Muitas pessoas vão lhe empurrar comida a todo momento com a desculpa de que, agora, você deve comer por dois. Nem pensar! Se agir assim, vai engordar por dois, o que não faz o menor sentido, já que o bebê pesa, em média, de três a quatro quilos. Imagine se engravidar de gêmeos: já pensou ter de comer por três? A quantidade de calorias exigida para a nutrição do feto é, em média, de trezentas calorias a mais a partir da 12ª semana. E, depois da 28ª semana, a dieta deve aumentar em mais trezentas calorias; mas tudo isso deve ser conversado com o seu obstetra e, sempre que possível, com um nutricionista. O ideal é que você ganhe entre nove e 12 quilos, em média, durante toda a gestação.

MODA E BELEZA

Seja sincera: quanto tempo você demora para se arrumar? Pois é... Imagine durante a gravidez, quando seu corpo ganhará formas novas. Fica difícil aceitar a silhueta diferente. O barrigão e o inchaço têm muito impacto na frente do espelho. É um tal de "essa estampa engorda", "essa calça é desconfortável", "quero ir de salto, mas minhas pernas doem"... Tudo que já acontece normalmente é elevado à décima potência.

Pode demorar algum tempo até que a nova mãe aprenda a lidar com as mudanças. Com o tempo, porém, você vai se acostumar, e entenderá que em poucos momentos da sua vida vai estar tão bonita e radiante.

Do mesmo modo que você não pode se esquecer de cuidar da saúde, também não deve deixar de lado seu estilo e sua feminilidade. O conforto é, sim, fundamental, mas não confunda com desleixo. Lembre-se de que você vai continuar sendo esposa, namorada, profissional, mulher, e que seu senso de moda e beleza não deve mudar com uma dose de hormônios!

PEÇAS-CHAVE

Cuidado! Você não vai ficar grávida para sempre, não é? E o que todas nós queremos é voltar ao peso ideal o mais rápido possível. Por isso, não exagere nas compras e evite as roupas "de grávida". Você pode muito bem substituir peças que não vai mais usar após dar à luz por outras que podem ser adaptadas. O mais importante na hora de montar o seu guarda-roupa de gestante é se sentir confortável. Isso não significa comprar uma coleção de calças de moletom largas, macacão fora de moda e camisetas enormes.

Para começar, use calcinhas de algodão sempre. Elas permitem a absorção de secreções vaginais naturais na gestação e impedem a irritação provocada por tecidos sintéticos. Vestidos e batas mais larguinhos, por exemplo, permitem que a barriga cresça confortavelmente, além de serem peças mais fresquinhas e femininas. Opte por tecidos leves e não tenha medo de arriscar nas estampas. E daí que algumas estampas aumentam? Você está barriguda porque está grávida! Tem licença poética para isso! Depois do nascimento do seu filho, as peças poderão ser ajustadas na costureira ou usadas com cintos e faixas. Além de disfarçar a barriguinha remanescente, combinadas com *blazers*, jaquetas, coletes, lenços, meias-calças e *leggings* ficam um charme.

O mesmo acontece com as calças. Você pode comprar aquelas específicas para gestantes, com elásticos, velcros ou fivelas reguladoras na cintura, mas aposto que não vai querer usá-las depois do parto. Afinal, não estará mais grávida, e não vai querer ser confundida com uma gestante, certo? Portanto, faça um investimento pequeno nelas. Compre apenas dois modelos em loja de gestante, uma jeans e uma de alfaiataria preta, que serão curingas no seu armário. No mais, invista nos modelos saruel, pantalona e *legging* com elástico ou cordão na cintura. Eles permitem que a calça se ajuste à medida que a barriga cresce na gestação ou diminui no pós-parto.

Aliás, malha e laicra serão suas melhores amigas, pois não vão apertar e não precisam ter um tamanho muito maior do que o seu. Prefira roupas leves e folgadas, mas no seu número. Lembre-se de que quanto mais tecido tiver, maior você vai parecer; e sentirá mais calor – com a alteração hormonal, vai sentir muito! Pense sempre na proporção: volume em cima? Use uma calça mais sequinha. Saias mais abertas? Aproveite para colocar uma blusa ajustada, mas tome cuidado com decotes exagerados! Afinal, seus seios vão ficar bem volumosos. Além de ser confortável e bonita, a versatilidade da roupa também deve ser analisada: evite comprar muitas peças, pense em como pode combiná-las entre si. Uma saia preta, por exemplo, é um curinga: vai bem com aquela camisa básica no ambiente de trabalho e com uma blusa mais justinha para sair à noite.

E para combinar com tudo isso? Sapatos baixos. As sapatilhas e as sandálias rasteiras são as melhores opções para deixá-la confortável e na moda. Procure sempre materiais mais maleáveis, que não vão machucar os pés caso eles inchem muito. O salto é um risco, afinal, pode gerar uma torção ou uma queda. Acidente é tudo o que você não pode sofrer nesse momento, certo?

Use e abuse dos acessórios; eles dão o toque final a qualquer produção. Mas só chame atenção para as partes do seu corpo que você quer evidenciar e escolha apenas um ponto para ousar. Um colar diferente, chamativo, ou um par de brincos alongados, ou um lenço combinado a uma pulseira. Quanto às bolsas, prefira as menores, de mão. Barriga grande com bolsa grande é muito volume para uma grávida.

MEIAS DE COMPRESSÃO

O volume sanguíneo da mulher grávida aumenta de 30% a 50%. Os vasos então ficam mais flexíveis e distendidos para acomodar o sangue e, associados às alterações hormonais, podem resultar em veias varicosas, hemorroidas e inchaço. O útero aumentado também pressiona os vasos na região pélvica e aumenta a pressão e a dilatação nas veias das pernas, causando má circulação, dores e varizes. As meias de compressão podem auxiliar no tratamento dos sintomas, mas devem ser receitadas pelo seu obstetra. Há vários níveis de compressão para cada fase da gestação e muitas contraindicações. Nunca compre sem prescrição médica.

CUIDADOS COM OS CABELOS

Esse tema gera muita polêmica. Existe uma corrente de profissionais – tanto obstetras quanto dermatologistas – que orienta para a não utilização de tinturas e produtos químicos nos cabelos, uma vez que alguns estudos demonstram um aumento na incidência de problemas de saúde, como tumores, no recém-nascido. Porém, outros estudos apontam que não há problema comprovado.

Por conta da contradição, a orientação dos especialistas é simples: mesmo que não haja evidências que comprovem que pintar os cabelos ou fazer permanentes prejudica o bebê, o ideal é que a gestante evite esse tipo de tratamento. Principalmente com produtos à base de amônia, que pode entrar na corrente sanguínea pelo couro cabeludo. Caso, ainda assim, queira pintar os cabelos, consulte seu obstetra sobre a possibilidade de usar tintura sem amônia, xampus tonalizantes e henas naturais. O mais sensato é evitar, especialmente durante o primeiro trimestre, quando acontece a formação dos órgãos do feto. Se a gravidez for planejada, com a ajuda do seu cabeleireiro, volte à sua cor natural meses antes de engravidar, para que a cor da raiz fique mais próxima do restante dos fios. E isso vale para o período de amamentação também.

COSMÉTICOS

A situação com os cosméticos é um pouco diferente, já que eles reúnem ingredientes que não têm um grande poder de penetração. Esses produtos podem ficar na derme e na epiderme, que são normalmente os locais onde eles se propõem a atuar, mas a absorção sanguínea é irrisória. A margem de segurança dessas substâncias é muito alta, e, por isso, elas podem ser utilizadas durante a gestação.

Mas existem algumas exceções. Qualquer cosmético que contenha ureia acima de 10% na fórmula não deve ser usado. A substância atravessa a barreira placentária, mas ela, por si só, não levaria a uma alteração na gestação. O problema é que essa quantidade de ureia aumentaria a penetração de outras substâncias que podem ser prejudiciais ao feto. A ureia é muito utilizada em hidratantes, então você deve ficar de olho na porcentagem. Outra substância perigosa para os bebês é o ácido salicílico, muito encontrado em produtos para acne, esfoliantes e produtos para pele mais oleosa.

SEIOS

Algumas mulheres decidem preparar os mamilos para a amamentação e não sofrer com rachaduras. Cuidado! Manobras como fazer escovações no seio com superfícies ásperas e expor os mamilos a raios infravermelhos para espessar a pele e torná-la mais resistente ao estímulo de sucção e à saliva do bebê só podem ser feitas sob a orientação do obstetra. É muito perigoso fazer qualquer procedimento sem acompanhamento médico, porque em algumas mulheres ele pode causar um estímulo indireto hormonal, que aumentará a contratividade uterina, podendo levar ao aborto ou a um trabalho de parto prematuro. Por isso, converse bem com o seu obstetra sobre a possibilidade de fazer o tratamento que você pretende. O uso de um sutiã com a ponta furada pode fazer esse estímulo de forma suave, use quando estiver em casa com uma blusa ou camisa por cima.

ESTRIAS

Elas dependem de uma conjunção de fatores que vão desde a herança genética até o ganho de peso durante a gestação. Existem estudos demonstrando que a faixa etária da mãe influencia no aparecimento de estrias: as muito jovens têm uma propensão maior.

As mulheres que têm uma menor elasticidade da pele vão, naturalmente, formar mais estrias. Os hidratantes para a prevenção contêm substâncias que ajudam a melhorar essa elasticidade, mas não conseguem atuar em todos os fatores, como a genética e o ganho de peso. Então, eles não farão desaparecer as estrias.

SOL

Durante essa fase, mais do que nunca, é muito importante reduzir a exposição solar em áreas como a face. É comum que gestantes desenvolvam um quadro chamado melasma ou cloasma gravídico, que são manchas escuras na área das bochechas, da testa e do buço. Essas manchas estão relacionadas a predisposição genética, alteração dos hormônios, e também com a exposição solar. Por isso, nunca saia de casa sem protetor solar. A qualquer hora do dia, o sol emite raios ultravioleta A, que também causam melasmas.

Os filtros solares ideais são aqueles com amplo espectro, que protegem contra os raios ultravioleta A e B. Normalmente, o fator de proteção solar, que é contra UVB, deve ser pelo menos três vezes maior que o fator de proteção UVA, chamado de PPD. Por exemplo, um protetor de FPS 30 deve ter, no mínimo, um PPD de 10. Não se esqueça de conferir esse detalhe antes de comprar um protetor solar.

MANICURE E PEDICURE

Durante a gestação, seu volume de sangue aumenta e você fica mais inchada. Seu metabolismo também é afetado, assim como a velocidade de cicatrização. Então, é mais comum a grávida apresentar o chamado granuloma, conhecido como carne esponjosa. Por isso, precisa de atenção redobrada na manicure e pedicure. Qualquer machucadinho pode acabar inflamando. Tome mais cuidado com os pés, porque a retenção hídrica é maior nos membros inferiores. Se você inchar muito, o ideal é até deixar de mexer na cutícula nos últimos meses de gravidez. Hidrate bem as cutículas dos dedos dos pés e das mãos para que elas não fiquem abrindo. E o mais importante: tenha o seu próprio kit de manicure e o mantenha esterilizado.

ESCOLHA DO PARTO

As opções vão além de parto normal e cesárea: você pode escolher, por exemplo, parto na água ou Leboyer. Mas, para se programar, converse direitinho com o seu obstetra desde a primeira consulta. Caso ele não se sinta preparado para realizar o parto que você deseja, poderá indicar outro profissional. De qualquer forma, por melhor que tenha sido o seu planejamento, nem sempre será possível segui-lo à risca.

Você pode – e deve – manifestar o interesse de levar a gestação pensando em um parto normal, mas esteja preparada para eventuais mudanças de curso. Fale com o seu obstetra sobre as suas ansiedades e dúvidas, sobre a sua vontade e medos – acredite, todas as mulheres temem o momento do parto. Mesmo que você confie no seu médico, exija explicações sobre qualquer decisão que ele tome. O corpo é seu, e você só deve se submeter a um procedimento, cirúrgico ou não, se realmente acreditar que aquela é a melhor solução.

Marcar o parto com antecedência não é um bom indício e pode trazer riscos para a mãe e para o bebê. A mulher tem mais chances de ter infecção pós-parto e hemorragia, já que não houve preparação do útero. O bebê pode nascer prematuro e ter problemas no funcionamento do aparelho respiratório nas primeiras horas de vida. Mesmo que, no fim das contas, você e o seu obstetra optem por uma cesárea, deixe que seu filho chegue no momento certo para ele.

Você pode ter o bebê na maternidade ou em casa. Seja um parto na água, seja um parto natural convencional, o parto domiciliar sempre deve ser acompanhado por um médico obstetra e uma equipe com um enfermeiro ou auxiliar de enfermagem. Também é fundamental que uma ambulância UTI fique de plantão na porta da casa para eventuais emergências e que se tenha pensado em uma maternidade de substituição.

TRABALHO DE PARTO

Nessa primeira etapa do parto, você sentirá as primeiras contrações, na forma de cólicas, e o colo uterino começará a dilatar. Hora de ligar para seu obstetra ou ir direto para a maternidade! As contrações vão ficando intensas e frequentes, e chegam a ter intervalos de três a quatro minutos, com duração de quarenta a sessenta segundos. Você pode sangrar e sentir dor durante as contrações. De preferência, fique em jejum, visto que ânsia e vômitos são comuns.

Outros sintomas são dores nas costas e nas pernas, cansaço e sono, pois o oxigênio se concentra na área do parto e não chega ao cérebro com a mesma intensidade. Em alguns casos, a bolsa se rompe sozinha, até mesmo antes das contrações, e ocorre o vazamento de líquido amniótico pela vagina. Dependendo do lugar em que a bolsa se romper, o jato poderá ser mais ou menos intenso. Para diferenciá-lo da urina, veja se ele tem cheiro diferente e coloração próxima à da água de coco. Se a bolsa estourar, o parto deverá acontecer em, no máximo, 24 horas, pois há risco de contaminação do útero. Se o líquido da bolsa for de cor verde, avise seu obstetra imediatamente e vá à maternidade. Isso é um sinal de sufocamento fetal (o bebê evacuou dentro do útero e isso não deve acontecer nunca).

PARTO NORMAL

Se não houver complicação ou risco, vale a pena tentar o parto normal, pois a recuperação pós-parto será mais rápida. Você poderá tomar anestesia, para minimizar a dor, se assim preferir.

Mesmo que você não entre em trabalho de parto, existem maneiras de induzir as contrações, assim como a dilatação, que pode ser estimulada pelo médico. A dilatação deve chegar a até dez centímetros. O primeiro sinal do nascimento será o inchaço do ânus e do períneo, com vontade intensa de expulsar o bebê. Depois que a cabeça sai, é preciso de mais um pouco de força para que a criança saia completamente. Trata-se de um processo lento, que exige esforço da mãe. O lado bom é que a criança nasce de maneira natural e a mãe tem uma recuperação muito mais rápida, podendo caminhar tranquilamente horas depois. Porém, é preciso ressaltar que o parto normal pode aumentar as chances de incontinência urinária no futuro e dilatar a vagina, às vezes de forma irreversível, se os devidos cuidados não forem tomados.

CESÁREA

É uma cirurgia, portanto envolve riscos e deve ser evitada sempre que possível. A cesárea é realmente indispensável quando a criança não está na posição correta no útero, quando não há dilatação do colo do útero, se existe sofrimento fetal, em casos de pré-eclâmpsia, herpes genital, diabetes gestacional, hipertensão, problemas ortopédicos, mães em idade avançada, e se a gestação passa da quadragésima semana. O lado bom é que ela é rápida, demorando em torno de uma hora, e a mulher não sente dor durante o parto. Porém, a volta da anestesia e a recuperação pós-parto podem ser demoradas. Os pontos do corte às vezes doem e pode haver dificuldade para caminhar, evacuar e urinar.

PARTO NA ÁGUA

Esse tipo de parto pode ser feito em uma banheira esterilizada, em casa ou no hospital, com água mantida a 36 graus Celsius. O nascimento acontece de forma mais natural para o bebê porque ele continua como estava no útero materno, envolto em água e com a temperatura muito próxima também. Não existe risco de afogamento imediato para o bebê porque ele ainda respira pelo cordão umbilical por pelo menos vinte segundos após o nascimento – tempo durante o qual os pulmões se expandem. Para a mãe, a água quente alivia as dores das contrações, aumenta a irrigação sanguínea, relaxa a musculatura e facilita a saída do bebê. Mas não é qualquer mulher que pode passar por essa experiência, já que não é possível aplicar anestesia nem fazer um monitoramento constante. Também é desaconselhável quando o bebê é grande e a mulher não se sente bem em ambientes quentes.

PARTO LEBOYER

Também pode ser realizado tanto em casa quanto no hospital. Desenvolvido por Frederick Leboyer e trazido ao Brasil pelo dr. Claudio Basbaum em 1974, o parto Leboyer defende um nascimento menos agressivo e traumático tanto para a mãe quanto para o bebê, e preza um vínculo imediato entre os membros da família. Ele é feito à luz baixa, com movimentos lentos e em silêncio. Assim que nasce, o bebê recebe massagem nas costas, não é segurado pelos pés, nem recebe palmadas. O cordão umbilical só é cortado quando para de pulsar, para se fazer uma transição respiratória mais suave. A mãe recebe o bebê nos braços e dá de mamar antes do primeiro banho, que pode ser feito com a participação do pai ainda na sala de parto.

ANESTESIA

Se você está grávida e já sabe que o parto será cesárea, provavelmente está cheia de dúvidas com relação à anestesia. Em alguns casos de parto normal, também são aplicadas anestesias para aliviar a dor da mulher. De forma geral, os anestésicos têm a finalidade de retirar o componente doloroso da sensibilidade do indivíduo, muitas vezes permanecendo o tátil e, dependendo da anestesia, o motor. Esse bloqueio nervoso pode ser da região lombar para baixo, no caso da anestesia condutiva (aplicada na base da coluna espinhal), e apenas na região da anestesia, no caso da anestesia local (aplicada no períneo).

Para o parto normal, a anestesia pode ser local ou condutiva, sendo esta de três tipos: peridural, raquianestesia ou intradural, ou o duplo bloqueio anestésico (anestesia combinada de peridural e raquianestesia). O duplo bloqueio é indicado quando a paciente encontra-se no início ou na metade do trabalho de parto. Ele promove um relaxamento da região pélvica, com diminuição mais rápida da dor. Sua utilização é feita pelo tempo que for necessário, uma vez que é mantido um cateter na região lombar, por onde injeta-se anestésico ao longo de todo o parto, sem interferir nas contrações uterinas.

No caso da cesárea, a anestesia mais usada é a raquianestesia. Atualmente, ela é aplicada com uma agulha muito fina, quantidade de anestésico bem menor, duração de até duas horas, rápido início de ação e baixa incidência de efeitos colaterais.

A duração da anestesia depende do tipo e da finalidade. Anestesia para cesárea dura em média duas horas; a local, em média de 45 a sessenta minutos, e os bloqueios para parto normal têm a duração necessária até o nascimento do bebê.

As reações alérgicas são raras, mas podem acontecer. Geralmente os sintomas são: sensação de palpitação, sudorese fria e enjoos. Por isso, é importante a presença de médicos anestesiologistas preparados e hospitais bem equipados para esses eventos.

A POSIÇÃO DO BEBÊ

Se você já sentiu os primeiros chutes do bebê, deve ter percebido que ele se mexe bastante dentro da sua barriga, não é? À medida que ela vai crescendo, o espaço fica menor e torna-se cada vez mais difícil para o bebê fazer suas estripulias. Por volta da 32ª semana, o bebê adota uma posição mais definitiva até a hora do parto. Por isso, quando você estiver na reta final da gestação, seu médico pedirá um exame de imagem para definir se é possível fazer parto normal.

O posicionamento ideal para o bebê é de cabeça para baixo (cefálico), o mais frequente e que mais favorece o parto. Porém, ele também pode estar sentado (pélvico) ou atravessado (situação transversa). Embora o parto normal pélvico seja possível, os riscos são muito maiores. A situação transversa é sempre indicativa de cesariana, já que se torna impossível a passagem do bebê pelo canal de parto. Até existem técnicas médicas para estimular o bebê a adotar a posição correta, mas não são isentas de riscos. A mãe nada pode fazer para estimular a posição adequada para o seu filho.

COMO ESCOLHER A MATERNIDADE

O primeiro passo é você ter em mente qual é a situação da sua gravidez. Você teve um pré-natal de risco ou precisa de algum acompanhamento mais de perto? Se o seu parto exigir cuidados específicos, procure uma maternidade ou hospital de referência, que tenha uma boa UTI neonatal e uma boa UTI para você.

É fundamental que tenha todo o suporte médico necessário para o caso de alguma complicação. Mesmo que seja uma gestante de baixo risco, isso não significa que não exista risco. Por outro lado, existem lugares menores e que talvez não tenham uma grande estrutura, mas que podem oferecer um tratamento mais pessoal e um parto mais humanizado.

Pense também na logística. Sua bolsa pode romper a qualquer momento e as contrações podem começar quando menos espera. Se você tiver fácil acesso à maternidade ou ao obstetra, isso a tranquilizará. Em geral, especialmente na primeira gravidez, depois que a bolsa se rompe, você tem horas, às vezes dias, até o parto. Por isso, não se desespere. Ligue para o obstetra e peça orientação de como proceder nesse momento. A mala da maternidade deve ficar pronta desde o oitavo mês. Informe-se também sobre qual é o melhor trajeto da sua casa até o hospital e os caminhos alternativos em caso de trânsito. Tenha sempre à mão o telefone do ponto de táxi. Nunca se sabe se alguém vai estar perto de você na hora H. Lembre-se: não há motivo para correria.

Peça a opinião do seu obstetra sobre a maternidade mais indicada para o seu caso, e o mais importante: onde ele se sente mais à vontade para trabalhar. Vá conhecer a maternidade antes do parto, veja como são os quartos e o berçário. Informe-se sobre a documentação necessária, planos de saúde atendidos e valores extras.

Algumas maternidades também oferecem curso para gestante. Só não se esqueça de que nas aulas você lida com um boneco, não com um bebê de verdade, que se mexe, chora, e que às vezes deixa escapar xixi e cocô enquanto você troca a fralda ou dá banho. Pense que será melhor aprender na própria maternidade, com a ajuda das enfermeiras, a lidar com o seu filho. Elas ensinam a trocar fralda, roupa, limpar o umbigo, técnicas de amamentação, e supervisionam o primeiro banho do bebê com você.

Outra alternativa é o alojamento conjunto. Nesse caso, o bebê fica com a mãe no quarto durante todo o período em que estiver na maternidade. Cabe à mãe cuidar do filho por 24 horas, apenas com o apoio das enfermeiras. É um treinamento para o que está por vir em casa. Mas você deve pesquisar com antecedêcia se a maternidade tem esse serviço.

Você também deve se certificar se o pai poderá acompanhar o parto e se há custos adicionais para isso. Caso você queira, verifique se há serviço de fotografia e filmagem do parto. Pergunte se o próprio pai poderá registrar esse momento.

GRAVIDEZ SEMANA A SEMANA

1ª SEMANA

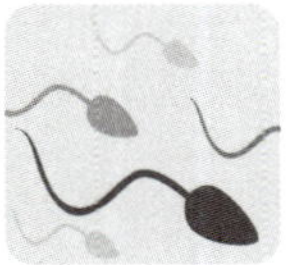

O ovo proveniente da fecundação se desloca do terço distal ao útero (ou mais próximo do ovário), onde vai se implantar. Ao longo da migração, ele vai se dividir em várias células. A futura mamãe nem desconfia de que dentro dela está sendo gerado um bebê. Caso a gravidez tenha sido planejada, a mulher já deverá estar tomando ácido fólico de acordo com recomendação médica. O ácido fólico previne a malformação no tubo neural, que pode acarretar defeitos na coluna vertebral e no desenvolvimento neurológico do bebê.

2ª SEMANA

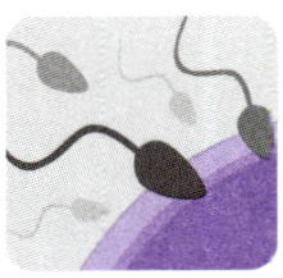

O ovo se fixa na mucosa do útero. Começando no sexto ou no sétimo dia e terminando no 12° dia. No ovo, as células multiplicam-se e se diferenciam até atingir uma estrutura complexa. O ovo tem cerca de um milímetro de diâmetro.

3ª SEMANA

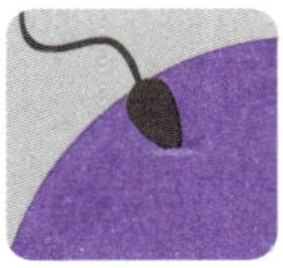

A mulher começa a sentir vontade de urinar com mais frequência. É a pressão do útero sobre a bexiga. A concepção aconteceu. O óvulo se fundiu com um espermatozoide, tornando-se um blastocisto, que se dividirá em outras partes que formarão os aparelhos digestivo e respiratório, músculos, ossos, cartilagens, pele e cabelo. A futura placenta começa a se formar, e surgem vestígios de vasos sanguíneos e de células sexuais.

4ª SEMANA

Seu útero começou a crescer e a textura do colo passará por transformações. Pode ocorrer um pequeno sangramento quando o óvulo fertilizado implanta-se na parede do útero. No início da quarta semana o embrião é quase reto, na metade dessa semana se forma o tubo neural e por volta do 24º dia, se forma o arco que dará origem ao maxilar. O coração já provoca uma grande proeminência na frente do corpo. O bebê mede cerca de um milímetro da cabeça às nádegas.

5ª SEMANA

A mulher começa a desconfiar de que está grávida. A menstruação atrasa e surgem sintomas clássicos, como tontura e enjoos. O sistema nervoso central do bebê começa a se desenvolver, assim como o cérebro e a medula espinhal. Já há vestígios dos olhos e das orelhas nas laterais da cabeça. O coração aumentou a ponto de tornar-se uma pequena protuberância, e surgem as quatro cavidades cardíacas. Estômago, intestinos e pâncreas estão em desenvolvimento, assim como ossos e músculos. O bebê mede cerca de 1,25 milímetro da cabeça às nádegas.

6ª SEMANA

A mulher sente que os seios ficaram inchados, em função do estímulo hormonal sobre as glândulas mamárias. As aréolas também podem escurecer e talvez surjam veias azuladas sob a pele dos seios, devido ao aumento da circulação sanguínea no local. O bebê se parece com um girino. Mas agora ele apresenta cérebro, e o tubo neural (que conecta o cérebro com a medula espinhal) se fecha. Aparecem braços e pernas, mas bem rudimentares, como se fossem pequenos brotos de plantas. O bebê já possui a própria corrente sanguínea, e seu tamanho varia de dois a quatro milímetros da cabeça às nádegas.

7ª SEMANA

Hora de você passar pela primeira consulta médica para medição da pressão arterial e exame físico. O médico lhe pedirá um hemograma e um ultrassom para confirmar a data prevista do parto. Quanto ao feto, braços e pernas cresceram e há rudimentos de mãos e pés. O coração do bebê bate cerca de 150 vezes por minuto, quase o dobro dos batimentos cardíacos de um adulto. As glândulas sexuais começam a se formar. O embrião mede entre quatro e cinco milímetros da cabeça às nádegas.

8ª SEMANA

Algumas mulheres passam a sentir náuseas, cansaço e muito sono. Os traços do rosto do bebê começam a se desenvolver. Ele possui língua e narinas, e os intestinos começam a crescer no cordão umbilical. A pele do bebê é fina como papel. Os ossos das pernas e dos braços estão crescendo e endurecendo. Ele já começa a se mexer, mas, como é muito pequeno, a futura mamãe ainda não percebe. Ele mede entre 14 e vinte milímetros da cabeça às nádegas.

9ª SEMANA

Seu útero dobrou de tamanho e, embora ainda não tenha barriga aparente, sua cintura já está aumentando. Pelo exame de ultrassom é possível ver a cabeça do bebê curvada sobre o peito e os membros em desenvolvimento. Os dedos dos pés e das mãos estão praticamente formados. Os intestinos começam a sair do cordão umbilical, onde foram formados, e passam a ocupar espaço na cavidade abdominal – isso costuma acontecer na sétima semana – chama-se herniação. Seu tamanho varia de 22 a trinta milímetros da cabeça às nádegas.

10ª SEMANA

Alterações hormonais e ansiedade tomam conta de você, futura mamãe, que poderá ficar aborrecida ou mais sensível com coisas que antes não a incomodavam tanto. Você sente vontade de urinar a toda hora. O tamanho do cérebro do feto ainda é desproporcional em relação ao resto do corpo. Os dentes estão sendo formados nas gengivas. Os órgãos genitais começam a se desenvolver, mas ainda não é possível visualizar o sexo. Os olhos, que estavam situados nas laterais da cabeça, estão agora na frente e possuem pálpebras. O feto mede de 31 a 42 milímetros da cabeça às nádegas e pesa cerca de cinco gramas.

11ª SEMANA

Seu peso deverá ter aumentado um quilo. Se enjoar muito, é provável que tenha emagrecido. Você sentirá mais sede. É seu corpo informando que precisa de mais líquidos. O bebê está totalmente formado e corre menos riscos de desenvolver anomalias congênitas. Apesar de ainda ser muito pequeno, ele já começa a bocejar, sugar e engolir. Seu tamanho praticamente dobra nessa semana. Ele mede entre 44 e sessenta milímetros da cabeça às nádegas e pesa oito gramas.

12ª SEMANA

Hora da segunda consulta. O médico deverá pedir um exame de translucência nucal, teste para detectar se o bebê é portador da síndrome de Down. Os enjoos diminuem. Apesar de totalmente formado, o bebê continua a se desenvolver. Os dedos das mãos e dos pés se separam; crescem cabelos e unhas. O bebê já consegue sorrir e chupar o dedo. Seu tamanho é de aproximadamente 61 milímetros da cabeça às nádegas e seu peso é de 14 gramas.

13ª SEMANA

É o fim do primeiro trimestre. A frequência de aborto diminui com o aumento da idade gestacional: 8% a 20% das gestações clinicamente reconhecidas, com menos de vinte semanas, sofrerão aborto espontâneo, 80% ocorrem nas primeiras12 semanas de gestação. O risco global de abortamento espontâneo após 15 semanas é baixo (cerca de 0,6%), mas varia de acordo coma idade e etnia dos pais. A cabeça do bebê pode ser medida pelo ultrassom. Com essa informação, é possível calcular a possível data do parto. Os órgãos sexuais continuam crescendo. O fígado começa a secretar bile e o pâncreas produz insulina. O bebê começa a ouvir sons externos, como a voz da mamãe. Ele mede entre 65 e 78 milímetros da cabeça às nádegas e pesa vinte gramas.

14ª SEMANA

O nível crescente de progesterona no organismo da futura mamãe deixa o sistema digestivo mais lento, podendo ocorrer constipação intestinal. No feto, o sentido do tato começa a se desenvolver. A placenta fornece oxigênio e todos os nutrientes necessários ao bebê. Apesar de não precisar respirar dentro da barriga da mãe, o bebê começa a fazer movimentos de inspiração e expiração. É uma espécie de preparação para a vida que terá fora do útero. O feto mede até 93 milímetros da cabeça às nádegas e pesa 25 gramas.

15ª SEMANA

As suas roupas passam a ficar apertadas. O aparelho gustativo do feto começa a funcionar e ele se familiariza com o gosto do líquido amniótico no qual flutua. A cabeça fica menos desproporcional em relação ao restante do corpo. Os cílios aparecem, e os cabelos continuam a crescer. Ele mede entre 104 e 114 milímetros da cabeça às nádegas e pesa aproximadamente cinquenta gramas.

16ª SEMANA

A placenta está totalmente formada e assume a tarefa de produzir hormônios. Mais uma consulta médica, na qual serão medidos peso e pressão da futura mamãe para detectar sinais de pré-eclâmpsia. A pele do feto já não é tão fina quanto antes, mas ainda é transparente, e é possível ver os vasos sanguíneos. Os ossos que já estão formados começam a calcificar. O bebê rola, dá cambalhotas e chuta. Seu tamanho pode chegar a 116 milímetros da cabeça às nádegas, e ele pesa oitenta gramas.

17ª SEMANA

A necessidade de urinar a toda hora diminui, e a futura mamãe pode sentir desejo de comer determinados alimentos. O cabelo e a pele ficam mais bonitos devido às alterações nos níveis hormonais. O bebê começa a crescer bem mais rápido, uma vez que passa a ser depositada gordura sob a sua pele. Os pulmões começam a exalar líquido amniótico. Pelo ultrassom, é possível ver o bebê se movimentando. Ele mede cerca de 12 centímetros da cabeça às nádegas e pesa cem gramas.

18ª SEMANA

A libido da mulher pode aumentar nessa fase. Isso ocorre devido ao estrogênio extra no sangue, que aumenta o fluxo sanguíneo da pelve, tornando a excitação mais frequente. No feto, começam a se formar os alvéolos dentro dos pulmões. Os olhos já estão na posição certa e formam-se as impressões digitais. Se o bebê for do sexo masculino, sua próstata estará em formação. O feto mede 14 centímetros da cabeça às nádegas e pesa cerca de 150 gramas.

19ª SEMANA

O aumento do nível de progesterona pode causar o surgimento de manchas escuras na pele do rosto da mulher. O feto já não se afasta daquilo que toca com as mãos ou os pés, como costumava fazer antes. Em vez disso, ao sentir as próprias mãos, ele coloca o polegar na boca. Uma substância chamada *vernix caseosa* é secretada pela pele do bebê e tem por finalidade evitar que a pele fique encharcada de líquido amniótico. Ele mede 15 centímetros da cabeça às nádegas e pesa duzentos gramas.

20ª SEMANA

A futura mamãe deverá sentir os primeiros movimentos do bebê na barriga. É hora de fazer um novo ultrassom para medir o comprimento do bebê e avaliar seus membros. Dependendo da posição do feto, é possível saber se é menino ou menina. No feto, as células nervosas dos sentidos, do tato, do olfato, do paladar, da visão e da audição estão se desenvolvendo em determinadas zonas do cérebro, assim como também estão em formação a memória e o raciocínio. Se for uma menina, ela já possuirá cerca de 2 milhões de óvulos em seus ovários. O bebê mede 14 centímetros da cabeça às nádegas e pesa 225 gramas.

21ª SEMANA

O corpo da futura mamãe pode começar a inchar nessa fase. A transpiração pode aumentar devido ao peso extra que está carregando. O lanugo, pelos temporários, já cobrem todo o corpo. A pele do bebê está enrugada, pois ainda não contém gordura, mas está menos avermelhada. As papilas gustativas se formaram na língua e os sentidos estão mais apurados. É possível visualizar, pelo exame de ultrassom, o bebê se tocando ou chupando o dedo. Ele está com 16 centímetros da cabeça às nádegas e pesa trezentos gramas.

22ª SEMANA

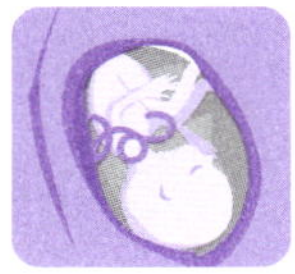

Desconfortos como azia e má digestão diminuem. O bebê possui glândulas sudoríparas e as unhas estão totalmente formadas. Os órgãos genitais se diferenciaram há pouco mais de um mês, mas agora, os órgãos externos masculinos tornam-se totalmente visíveis. Nos meninos, os testículos começam a descer para a bolsa escrotal. O bebê mede 19 centímetros da cabeça às nádegas e pesa 350 gramas.

23ª SEMANA

O abdome da mãe cresce e a digestão muda. Você, mamãe, poderá sentir prisão de ventre e azia. A pele do bebê ainda é transparente e sua audição está muito mais desenvolvida. Converse bastante com o bebê. Há relatos de bebês que "respondem" às mães com chutes quando ainda estão dentro da barriga. Ele mede 22 centímetros da cabeça às nádegas e pesa 455 gramas.

24ª SEMANA

O útero da mamãe está cerca de cinco centímetros acima do umbigo e ela começa a sentir um cansaço maior. O bebê é muito ativo e movimenta-se de vinte a sessenta vezes a cada meia hora. As sobrancelhas são aparentes, e o nariz está mais nítido. Seu organismo começa a produzir glóbulos brancos, que irão combater as infecções. O bebê mede 21 centímetros da cabeça às nádegas e pesa 540 gramas.

25ª SEMANA

O abdome da mamãe está ainda maior. Será comum ter falta de ar, sensação de peso, cãibras nas pernas e dor nas costas. O bebê experimenta fases de sono e vigília, sempre atento a ruídos externos. Também consegue segurar os pés e fechar as mãos. Ele mede 22 centímetros da cabeça às nádegas e pesa setecentos gramas.

26ª SEMANA

Estrias costumam aparecer na mamãe, principalmente na barriga e nos seios. Os pulmões do bebê atingem um estágio de desenvolvimento importante, mas só estarão prontos para funcionar no final do oitavo mês. É possível ouvir o coração do bebê batendo quando se encosta o ouvido na barriga da mamãe. Ele mede 23 centímetros da cabeça às nádegas e pesa cerca de 910 gramas.

27ª SEMANA

O coração e os rins da futura mamãe estão trabalhando muito mais para manter a circulação necessária e processar o excesso de fluidos. A barriga está bem saliente. A gordura sob a pele do bebê aumenta a cada dia, e ele já começa a ficar mais rechonchudo. Os cílios já terminaram de crescer, as pálpebras começam a se abrir, e o feto já é capaz de perceber mudanças na iluminação. Ele mede 24 centímetros da cabeça às nádegas e pesa um quilo.

28ª SEMANA

O útero da mulher cresceu cerca de quatro centímetros no mês anterior e começa a pressionar suas costelas. Daqui até a 32ª semana, o médico pedirá um exame de sangue para dosar a glicose e verificar se a futura mamãe está com diabetes. Os olhos do bebê estão completamente abertos. O estômago e os intestinos cumprem suas funções, e os rins estão quase formados, mas só funcionarão após o nascimento. Nos meninos, os testículos começam a descer para a bolsa escrotal. O tamanho do bebê é de aproximadamente 25 centímetros da cabeça às nádegas e seu peso é de 1,1 quilo.

29ª SEMANA

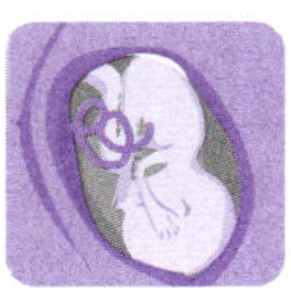

A futura mamãe poderá ficar com varizes, devido à pressão das veias que conduzem o sangue das pernas para o coração. Isso também pode acarretar peso nas pernas e mais cansaço. Seu umbigo fica plano e alongado. Em alguns casos, chega a ficar saliente. Não se desespere, pois ele voltará ao normal após o parto. Os ouvidos do bebê estão no lugar desde o final do sexto mês e ele está cada vez mais sensível aos sons externos. É capaz de se assustar com portas batendo e de se acalmar com músicas que os pais escutam. A medula do bebê assume a tarefa de produzir as células vermelhas do fígado. O bebê cresce cada vez mais depressa e tem menos espaço para virar e chutar como fazia antes. Ele mede 26 centímetros da cabeça às nádegas e pesa 1,25 quilo.

30ª SEMANA

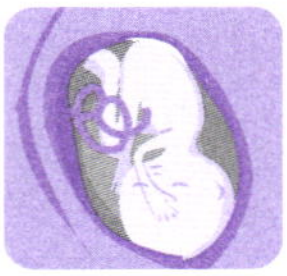

As dores nas costas podem se agravar por causa do aumento de peso e das mudanças no seu centro de gravidade. A falta de ar é um dos maiores incômodos. Ela ocorre devido ao esforço para se movimentar e também porque seus pulmões absorvem cerca de 20% a mais de oxigênio; afinal, você respira pelo seu bebê. Muitos bebês se viram de cabeça para baixo nessa fase. Eles chutam bastante, principalmente embaixo das costelas da mãe. O bebê mede 27 centímetros da cabeça às nádegas e pesa 1,36 quilo.

31ª SEMANA

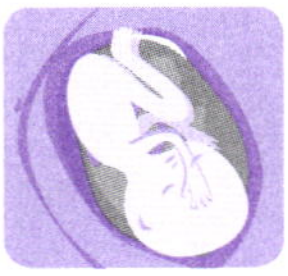

A mamãe sente cada vez mais dificuldade para dormir devido ao tamanho da barriga. O útero atinge 11 centímetros acima do umbigo. A cor dos olhos do bebê começa a aparecer, mas ela só se definirá mesmo de cinco a 11 meses após o nascimento da criança. As pálpebras ficam abertas quando o bebê está em atividade dentro da barriga e fecham-se quando ele dorme. Seu tamanho é de 28 centímetros da cabeça às nádegas e ele pesa 1,59 quilo.

32ª SEMANA

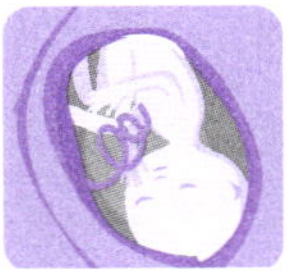

A mulher aumenta de peso mais rápido do que no início da gravidez. O útero está perto do seu maior volume: a parte superior situada a cerca de 12 centímetros acima do umbigo e o bebê já está de cabeça para baixo. Em geral, esse é o momento em que o feto assume a posição definitiva em que ficará até o parto. O cabelo dele continua a crescer, e ele dorme muito durante o dia. É por isso que muitas mamães sentem seus bebês mais ativos à noite. Ele mede 29 centímetros da cabeça às nádegas e pesa 1,8 quilo.

33ª SEMANA

Com o bebê posicionado de cabeça para baixo, alguns desconfortos diminuem. A respiração da futura mamãe melhora e a digestão fica mais fácil. Os ossos do bebê são cada vez mais longos. Ele engole muito líquido amniótico e urina bastante. O bebê continua ganhando gordura, e sua pele muda do tom avermelhado para um tom rosado. Seu tamanho é de trinta centímetros da cabeça às nádegas e ele pesa dois quilos.

34ª SEMANA

Os pés e as mãos da futura mamãe ficam mais inchados devido à retenção de líquidos. O volume de sangue em seu corpo aumentou 50% nos dois primeiros trimestres. Após 34 semanas, permanecerá constante até o parto. A placenta atingiu dimensões consideráveis devido ao tamanho que o feto atingiu e às toxinas que ele eliminou. O bebê está desenvolvendo o próprio sistema imunológico. Como ele já está grandinho, seus movimentos são mais vagarosos. Ele mede 32 centímetros da cabeça às nádegas e pesa 2,275 quilos.

35ª SEMANA

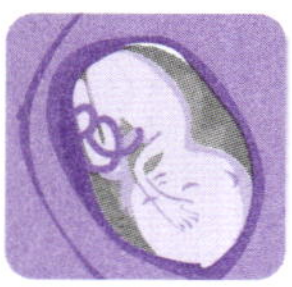

A futura mamãe poderá sentir latejamento ou pressão na região pélvica. A sensação é provocada pela movimentação do bebê dentro do útero e também por causa da relaxina, hormônio da gravidez que faz expandir as articulações da pelve, em preparação para o parto. O sistema nervoso central do bebê está amadurecendo, e o aparelho digestivo dele está completo. Em caso de partos prematuros, mais de 90% dos bebês que nascem nesse período sobrevivem. Ele mede 33 centímetros da cabeça às nádegas e pesa 2,55 quilos.

36ª SEMANA

A partir dessa fase, o médico poderá marcar consultas semanais até o momento do parto. A barriga da mamãe começa a descer, e o seu útero está bem abaixo das costelas, melhorando a respiração da gestante. O bebê tem pouco espaço dentro do útero e se mexe menos. Apesar disso, quando ele se movimenta, é possível perceber muitas vezes algumas partes de seu corpinho, como a cabeça e os pés. A camada de *vernix caseoso* se desprende em parte e flutua no líquido amniótico. Seu tamanho é de 34 centímetros da cabeca às nádegas, e seu peso é de 2,75 quilos.

37ª SEMANA

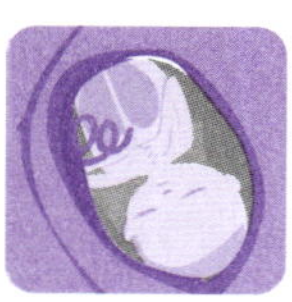

Começam as contrações. O útero enrijece por cerca de trinta segundos e relaxa. É o organismo se preparando para o trabalho de parto. Essas contrações não costumam doer. O bebê pode nascer a qualquer momento. O crânio dele ainda não está inteiramente ossificado, e as duas fontanelas (moleiras) que existem entre os ossos só se fecharão após o nascimento. Ele mede 35 centímetros da cabeça às nádegas e pesa 2,95 quilos.

38ª SEMANA

A pele esticada do seu abdome pode coçar. Apesar da gestação ser de quarenta semanas, muita mulheres dão à luz nessa fase. O bebê quase não consegue se mexer e continua aumentando de peso e tamanho. Todos os sistemas de seu organismo estão desenvolvidos. A cabeça e o abdome possuem a mesma circunferência, e a placenta começa a envelhecer. O bebê mede 35 centímetros da cabeça às nádegas e pesa cerca de 3,1 quilos.

39ª SEMANA

O útero cresceu tanto que está ocupando todo o espaço da sua pelve e boa parte do abdome. Por isso, o desconforto é muito grande. O aumento de progesterona e o tamanho do bebê pressionam a bexiga, fazendo com que você sinta vontade de ir ao banheiro o tempo todo. O cordão umbilical possui cinquenta centímetros e é quase tão comprido quanto o bebê. Os pulmões do bebê continuam amadurecendo, e em seus intestinos já estão suas primeiras fezes, de cor escura e com camada de mecônio. O bebê mede 36 centímetros da cabeça às nádegas e pesa 3,25 quilos.

40ª SEMANA

Finalmente chegou o dia mais esperado da mamãe: o momento do parto. Somente 5% dos bebês nascem exatamente na data prevista. A data deduzida pelos médicos é quando a gestação completa quarenta semanas, mas o bebê pode nascer entre a 38ª e 42ª semanas. O bebê está prontinho para iniciar sua vida fora do útero. Na hora do parto, a placenta irá parar de funcionar automaticamente, assim que o bebê tomar os primeiros sopros de ar. Seu filho medirá aproximadamente 38 centímetros da cabeça até as nádegas e pesará cerca de 3,5 quilos.

2

Preparando o ninho

Essa fase deve ser curtida em cada detalhe. É o momento mágico de imaginar o rostinho do seu filho, como vai ser a rotina de vocês dois, e de cuidar de cada detalhe para a grande chegada dele. Mas também é hora de deixar o sonho um pouco de lado e colocar as contas no papel, para que o momento mais importante da sua vida não se transforme em pesadelo. Munida de um bom planejamento, você vai conseguir montar um bom enxoval com pé na realidade.

Lembre-se sempre da segurança do bebê. Nem tudo que é bonito e está na moda é o ideal para um recém-nascido. Preste atenção a normas de segurança e à qualidade do que você está comprando. Em alguns itens, como berço, carrinho e cadeirinha de carro, não dá para economizar. Para caber no orçamento, gaste menos com você. Isso mesmo. Economize nos seus gastos pessoais e invista na qualidade de vida do seu filho. Tornar-nos mães será a maior oportunidade para deixarmos o egoísmo de lado e começarmos a olhar para além do nosso umbigo.

COMO ESCOLHER O NOME?

A primeira questão que se coloca é: será que, nos dias de hoje, ainda é possível passar por uma gestação controlando a ansiedade e saber o sexo do bebê só no momento do nascimento? Sim, é possível. Exige um pouco de autocontrole, mas quem consegue, garante que a surpresa faz com que o parto seja ainda mais emocionante.

Se você já souber o sexo, vai ouvir sugestões de todo mundo. Mesmo que você descarte algumas logo de cara, é legal deixar esse espaço aberto. Alguém pode se lembrar de um nome que você adora, mas não estava considerando.

Dentre os nomes que você mais gosta, faça uma lista e selecione algumas opções, e veja se eles combinam com os sobrenomes. Fuja de cacófatos e também evite rimas e aliterações. Tenha em mente que o nome, qualquer que seja, vai acompanhar seu filho por toda a vida. Não é hora de fazer experimentos ou brincadeiras.

É claro que essa escolha é muito pessoal. Em última instância, o que importa é se você acha o nome bonito, se ele soa bem, se você acredita que essa escolha pode interferir no futuro do seu filho. Faça um teste: escreva seus nomes prediletos em um papel e decida se, ao vê-los escritos, você ainda gosta deles tanto quanto da sua sonoridade.

Se você for homenagear algum parente, certifique-se de que o nome não é considerado estranho nem será motivo de piada. Crianças costumam ser cruéis com os amiguinhos. Se o nome for escolhido por conta de uma personalidade que vocês admiram, pense bem: você confia que a pessoa não vai pisar na bola e ter sua imagem relacionada a algo negativo? Isso pode ser ruim para a criança.

Também é legal evitar complicações que vão exigir que seu filho soletre o nome toda vez que for se apresentar a alguém. Quanto mais direto, mais fácil de os outros se lembrarem. Mesmo assim, seja criativa – o que não quer dizer inventiva. Combine nomes, se for difícil chegar a um consenso com o pai da criança. Pense no adulto que você espera que seu filho seja e se o nome combina com a imagem que você projeta – mesmo que ela mude no futuro, é um bom ponto de partida.

O REGISTRO DO BEBÊ

Para facilitar a vida de muitos casais, alguns hospitais já contam com um plantonista do cartório da região, autorizado a fazer o registro do recém-nascido. Caso a maternidade na qual o seu parto acontecer não ofereça esse tipo de serviço, você ou o pai da criança deverão ir a um cartório de registro civil.

Se os pais forem casados, basta que o marido leve os próprios documentos e a certidão de casamento, além, é claro, da Declaração de Nascido Vivo (DNV), documento fornecido pela própria maternidade. O recomendado é que o casal não demore mais do que uma semana para registrar a criança, já que, antes da expedição da certidão de nascimento, ela não existe aos olhos da lei. Ainda que os pais do recém-nascido não sejam casados, não é necessário que a mãe compareça ao cartório. Munido dos documentos da mãe da criança e da DNV, o pai, com os próprios documentos em mãos, conseguirá registrar o bebê.

Desde janeiro de 2011 está sendo colocado em prática, aos poucos, no Brasil, o projeto Certidões Unificadas, uma parceria entre a Secretaria de Direitos Humanos (SDH), o Ministério da Justiça, a Corregedoria do Conselho Nacional de Justiça e a Casa da Moeda do Brasil. Trata-se da impressão de um novo modelo de certidões de nascimento, em papel padronizado e com requisitos de segurança, em um sistema que integra diretamente o cartório às maternidades, para evitar que a criança não fique sem o documento.

ORÇAMENTO DOMÉSTICO

Você já deve ter percebido – e vai sentir ainda mais a partir deste capítulo – que suas contas vão duplicar, triplicar ou, pelo menos, aumentar muito. A chegada de mais uma pessoa à família contribui para acrescentar mais gastos, e é preciso planejar bem para não entrar no vermelho. Até porque a tendência é só ter mais despesas. É muito importante que você cultive o hábito de poupar, nem que seja uma pequena quantia por mês. Ter uma reserva sempre é bom para enfrentar situações inesperadas e, além disso, é importante sonhar e planejar algo para o futuro.

Aqui, segue uma planilha para você registrar seus gastos mensais para conseguir controlar seu orçamento. Se estiver gastando mais do que ganha, faça cortes imediatamente nos gastos. Com a planilha fica mais fácil identificar as "gordurinhas". Se sobrar algo no mês, poupe.

Duas dicas importantes. Primeira: não trabalhe com o limite do cheque especial nem pague o mínimo da fatura do cartão de crédito. Em ambos, a dívida vira uma bola de neve. Segunda: não se esqueça de lançar na tabela as compras parceladas. Aliás, tente evitá-las. Quase sempre pagando à vista, os descontos são compensadores.

É importante você separar as despesas fixas das variáveis. Assim, você descobre o valor que tem de gastar todo mês, faça chuva ou faça sol (fixas), e o que pode ser economizado ou cortado no próximo mês (variáveis). Uma sugestão é grifar com marca-texto cada item do histórico que seja despesa fixa. Exemplo: condomínio, prestação do carro, mensalidade escolar.

Coloque ao lado de cada item quanto você gastou com ele. Exemplo: supermercado: R$ 100,00; farmácia: R$ 50,00. Também é bacana colocar o que você gastou com cada item, só no total, no mês anterior. É um jeito infalível de saber onde você extrapolou. E claro, distinguir o que pode ser cortado ou economizado no próximo mês.

ITENS	HISTÓRICO	TOTAL DO MÊS ATUAL (R$)	TOTAL DO MÊS ANTERIOR (R$)
Alimentação	supermercado, padaria, açougue, feira, quitanda, restaurante, cafezinho etc.		
Comunicação	telefone fixo, celular, TV a cabo, internet, revistas, jornais, livros etc.		
Educação	mensalidade escolar, uniforme, material, cursos, excursões etc.		
Lazer	passeios, cinema, teatro, viagens, clube, shows, exposições etc.		
Moradia	prestação do imóvel, aluguel, condomínio, IPTU, luz, água, gás, empregados domésticos, seguro, manutenção etc.		
Poupança	poupança, renda fixa, bolsa de valores etc.		
Saúde	plano de saúde, médicos, dentistas, clínicas, hospitais, farmácia etc.		
Transporte	prestação do carro, combustível, ônibus, metrô, trem, táxi, IPVA, seguro, estacionamento, pedágios, mecânica etc.		
Outros	vestuário, brinquedos, mobília, enxoval, chá de bebê, lembrancinhas, aparelhos eletrônicos, eletrodomésticos, artigos de cama e mesa etc.		
Total	Fixo e variável (R$) + (R$)		

O QUARTO DO BEBÊ

Antes de começar a decorar o quarto do seu bebê, a primeira coisa é definir uma temática para o ambiente. Pode ser uma cor, que será a base para o resto da decoração. Pode ser um lugar – uma floresta, por exemplo –, ao qual todos os móveis e brinquedos farão referência. Pode ser um personagem de desenho animado, ursinho, fadas, flores. Só não se esqueça de que, a não ser que você queira gastar rios de dinheiro com decoração, aquele será o quarto do seu filho por algum tempo. Por isso, procure definir uma decoração-base que seja adaptável às diferentes fases de vida da criança.

OTIMIZE O ESPAÇO

Definido o ponto de partida, é hora de escolher os móveis, que devem acompanhar o que foi proposto para a decoração. Se você optou por uma cor mais forte nas paredes, prefira móveis claros, brancos ou na cor da madeira, básicos, de linhas retas. Se usou tons pastel, pode ousar mais, com uma cômoda mais moderna ou um berço colorido. Mas lembre-se: só compre os móveis depois de se certificar de que o quarto tem espaço suficiente para acomodá-los. Uma boa dica é delimitar, com uma fita crepe, os espaços destinados a cada móvel. Meça o ambiente, leve móveis da sala para o quarto, brinque de decoradora antes de decidir qual será a disposição final. É importante abrir e fechar as portas do quarto e dos armários para se certificar da circulação no local.

Os móveis indispensáveis, além do berço, é claro, são o trocador, a cômoda e a poltrona de amamentação. Algumas pessoas fazem questão, também, de uma cama para a babá. Nesse caso, pense: ela vai dormir com o bebê todas as noites? Será que não é melhor comprar uma daquelas poltronas que viram cama e que ocupam bem menos espaço? Se a conclusão for que, de fato, a cama é essencial, opte por um modelo bicama, que poderá, mais tarde, ser usado pelo seu filho quando ele não precisar mais do berço. Caso prefira um modelo sem a grade lateral, abra a bicama durante a noite e coloque várias almofadas e travesseiros na cama de baixo. Certamente terá um dia em que seu filho, em sono profundo, cairá do leito, e, assim, não se machucará.

Se o quarto for pequeno, vale mais a pena abrir mão de um móvel em prol da circulação. Quando você estiver com o bebê no colo à noite e com sono, é isso o que vai importar, ou você vai acabar topando com os móveis enquanto tenta fazê-lo pegar no sono novamente.

APROVEITE O QUE VOCÊ JÁ TEM

Não vai dar: o armário embutido de quatro portas ocupa uma parede inteira, e você nem tem tanta roupinha de bebê para guardar lá. Na outra parede, uma janela. A outra já está com o berço. E você começa a achar que não vai ter espaço para tudo, que é melhor recomeçar do zero em uma casa nova. Calma, não há motivo para desespero!

Uma sugestão muito legal é aproveitar o que você já tem. Isso não significa apenas pegar emprestado o berço do seu sobrinho – que você não deve ter vergonha de pedir – ou levar almofadas da sala para o quarto. Para quem sofre com esse armário embutido desnecessário, uma ideia simples e eficaz é tirar duas das portas, transformar o gaveteiro em cômoda e usar a parte de cima, onde estariam as roupas penduradas em cabides, para instalar o trocador. Se a madeira exposta a incomodar, você ainda poderá forrar o interior do armário com papel de parede ou pintá-lo de branco. Se tiver um vão, coloque um cesto de vime com forro de tecido combinando com a decoração. Use a imaginação e, mais importante: use o espaço e as coisas que você já tem!

SEGURANÇA

Algo que costuma preocupar as mães é berço e cômoda próximos da janela. Claro, esse é um tópico importante. A cômoda com trocador não deve, sob nenhuma hipótese, ficar encostada na janela. Para a segurança da criança, é fundamental ter a parede como encosto, para o caso de o bebê escorregar para trás. Com os berços, no entanto, a questão não é tão radical. O ideal, para quartos espaçosos, é afastá-lo da janela, mas nem sempre isso é possível. De qualquer forma, grades ou uma rede firme bem colocada – não apenas no quarto, mas em todos os cômodos – resolvem o problema e dão tranquilidade aos pais.

Outra questão muito importante para a segurança do bebê e que acaba sendo esquecida é a quantidade de estantes e/ou quadros na parede onde o berço está encostado. Livros colocados na prateleira, porta-retratos e quadros podem, eventualmente, cair e machucar a criança. Por isso, recomenda-se que a parede do berço não seja usada com essa finalidade.

As mães também devem ficar atentas a quinas, fios soltos e tomadas. É preferível optar por móveis com os cantos arredondados, mas se isso não for possível, os pais podem comprar protetores de quina de acrílico ou silicone. As tomadas também devem ter protetores, e é importante que o quarto tenha algum tipo de iluminação indireta, para o caso de a criança acordar durante a noite.

ATCHIIIIIIM!

Quando os pais já sofrem de algum tipo de alergia ou rinite, é muito comum que se preocupem em não expor o bebê à poeira. Mas não são só eles que devem tomar as medidas necessárias para evitar o acúmulo de pó. A primeira sugestão é, sempre que possível, evitar carpetes, tapetes, cortinas e saias do berço. Nada de babados, nada de excessos. Quanto menos tecido, melhor.

Se os pais fazem questão de tapetes e cortinas – que são importantes por proteger o quarto do sol forte –, o melhor é optar por tecidos antialérgicos e fáceis de lavar. Também evite encher o quarto com bichinhos de pelúcia e papéis. As superfícies devem ser lisas e fáceis de limpar, e as janelas devem ficar abertas durante o dia, para ventilar o quarto.

CÔMODA E TROCADOR

A medida padrão para o trocador é de mais ou menos oitenta ou noventa centímetros por cinquenta centímetros. Esse é um tamanho bem confortável para o bebê, mas isso não é uma regra. Às vezes, a mãe tem uma bancada que cobre a parede inteira e quer aproveitar aquele espaço para fazer um trocador. A única regra é fazer com que o quarto seja confortável e aconchegante. Até um escritório pode ficar com cara de quarto de bebê, desde que sejam feitas as adaptações necessárias.

Encostada na parede deve haver uma almofada para proteger a criança. Também é importante deixar um espaço para o kit de higiene: porta-algodão, porta-cotonete, pote para escova, termômetro e pomada, garrafa térmica e uma bandeja, caixa ou cestinha para guardar tudo.

Outra dica é lembrar que, sobre a cômoda, não devem ser colocados objetos pesados ou afiados, como abajures e moringas. Enquanto você estiver trocando o bebê, ele vai pegar o que estiver ao alcance para se distrair. Nessa hora, pode derrubar as peças que você escolheu com tanto carinho e acabar se machucando.

BERÇO E ACESSÓRIOS

Seu filho vai usar o berço por pelo menos um ano. Portanto, certifique-se de que ele segue todas as normas exigidas pela Associação Brasileira de Normas Técnicas (ABNT: www.abnt.org.br). Em 2011, o Instituto Nacional de Metrologia, Normalização e Qualidade Industrial (Inmetro) estabeleceu regras de segurança para oferecer o selo de certificação obrigatório do produto. A partir de 2013, todos os berços devem sair das fábricas com o selo do instituto. Um dos pré-requisitos básicos é que as grades laterais do berço tenham, pelo menos, seis centímetros de altura, e que a distância entre cada grade não ultrapasse os 6,5 centímetros.

Entre o estrado e as grades laterais, a distância não deve ser superior a 2,5 centímetros, para que a cabecinha do bebê não se prenda entre as grades, e se você optar por um berço com rodinhas, certifique-se de que pelo menos duas delas tenham um sistema de travamento. Para saber todas as regras, você também pode acessar o site do Inmetro (www.inmetro.gov.br) e, na seção Informações ao Consumidor, checar o que o órgão diz sobre berços.

O colchão deve ser firme e se ajustar perfeitamente – se couberem dois dedos entre ele e o berço, está pequeno demais. Prefira um que tenha superfície de plástico, muito mais prático de limpar. Mas coloque um protetor de colchão, para que o bebê não fique direto no plástico.

Quanto aos acessórios, o único realmente imprescindível é o protetor de berço, que garante que a criança não se machuque nas grades laterais. Porém, ele deve ser o menos fofo possível, assim como o travesseiro, já que o bebê pode acabar se sufocando. A manta deve ser antialérgica e leve, para não prender os movimentos do bebê. Por questão de segurança, nunca coloque brinquedos ou bichos de pelúcia dentro do berço, nem deixe mamadeira ou chupeta pendurada, ao alcance da criança. A saia de berço é uma peça decorativa dispensável.

No entanto, uma peça muito importante é a almofada de amamentação. O apoio de braço da poltrona é muito baixo e exige esforço da mãe para manter o bebê na posição correta. Com a almofada de amamentação, que forma uma espécie de ninho para apoiar o bebê, você vai se sentir mais confortável e segura, além de proporcionar um conforto maior para o seu filho.

E SE ACABOU O DINHEIRO?

Para criar um quarto lindo você não tem, necessariamente, de gastar muito. A saída pode ser comprar uma peça mais cara, de design, que represente aquele quarto, e brincar em volta, com peças mais simples, mas que conversem com aquele tema. Lembre-se de que, nessa fase, você vai ter muitos gastos, então, economize no que for possível.

O mais importante é usar a criatividade e confiar no seu senso estético. Achou uma fada linda, mas não sabe como aproveitá-la na decoração do quarto da sua filha? Amarre uma fita de cetim, pendure-a no teto, no canto do quarto, enganchada na estante. Não quer uma parede lisa, mas não tem grana para investir nisso? Compre rolos de fitas coloridas, faça laços e cole-os em um canto da parede. Se sua mãe, avó ou sogra souber costurar e bordar, aproveite isso também. Pesquise o tipo de enxoval que você gosta, compre tecidos e peça ajuda a elas. Arrisque, inove. O quarto vai ficar perfeito, se for feito com carinho, visando ao conforto e à segurança do seu bebê.

CHÁ DE BEBÊ

Essa vai ser a primeira festa da vida do seu bebê, mas, na verdade, é uma comemoração para os pais. Ela deve ser organizada a partir do sétimo mês de gestação, mas o ideal é não deixar para fazer o chá de bebê em cima da hora: você poderá se sentir indisposta quando a gestação estiver no final. Além disso, um parto antes da hora pode acabar estragando a festa.

Essa é a sua oportunidade de se cercar de amigos queridos e receber muitos mimos. Acredite: conforme seu filho for ficando mais velho, seu papel nas festinhas – da escolha do tema à lista de convidados – vai diminuir. Por isso, no chá de bebê, faça tudo de acordo com o seu gosto e o do pai da criança, se ele também for participar. Essa, aliás, é a primeira questão a decidir: você quer um chá de bebê mais tradicional, só com mulheres, ou será que também vale a pena convidar os rapazes? Tudo vai depender de quanto o seu companheiro está disposto a participar. Se ele também estiver no clima, curtindo os preparativos, inclua-o sempre que possível. Ele pode ajudar bastante (enchendo bexigas, tirando fotos, colocando as cadeiras no lugar), e você vai se divertir muito mais vendo quanto ele está envolvido nessa nova etapa das suas vidas.

ONDE?

Fechada a lista de convidados, é hora de definir onde fazer a festa. Se for uma comemoração mais íntima e sua casa for espaçosa, aproveite o lugar: todos vão se sentir mais à vontade – incluindo você –, e pode ser ainda uma oportunidade para mostrar os preparativos, o quarto do bebê, pedir sugestões. Se você não quiser ter tanto trabalho, nem ouvir opiniões e interferências em sua casa, veja se algumas amigas mais próximas, irmãs ou cunhadas estão dispostas a ajudar. Elas podem se encarregar dos convites, da comida ou da arrumação. Qualquer ajuda é bem-vinda, mas participe das definições importantes; afinal, tudo tem de sair com a sua cara.

Caso não consiga acomodar confortavelmente todos os convidados na sua casa, existem opções perfeitas para todo tipo de casal. Se vocês forem animados e baladeiros, podem combinar uma noitada com os amigos. Se a ideia é se divertir, fazer brincadeiras constrangedoras e ficar só entre os mais íntimos, muitos restaurantes e bares oferecem um ambiente separado para eventos. Caraoquês também costumam render boas risadas. Vocês ainda podem pensar em alugar um sítio ou fazer uma festa em um bufê infantil.

O QUE SERVIR

O cardápio também vai depender do lugar escolhido. Por exemplo, se vocês forem sair com os amigos para uma balada, não dá para servir pratos elaborados. Se for rolar uma festa em um bufê infantil, o mais aconselhável é partir para os salgadinhos e docinhos com gosto de infância. Quem não gosta de coxinhas, empadinhas e brigadeiros?

Para quem está organizando uma festa em casa, aí sim as possibilidades aumentam. Pense no horário e na estação do ano. O chá de bebê é em pleno verão? Invista em bebidas refrescantes, sanduíches leves, salada de frutas. Que tal um bufê de sorvetes, com várias opções de sabores e caldas? Se o bebê for nascer no inverno, você pode levar ao pé da letra a ideia do "chá de bebê": ofereça versões diferentes da bebida (chá-mate gelado, chás quentes, chá verde) e sirva com biscoitos, bolos caseiros e *petit-fours*. Elabore um cardápio que a agrade e aproveite que a fase lhe permite ceder a certos desejos...

BRINCADEIRAS

Tem gente que faz do chá de bebê apenas um momento para se reunir com os amigos, mas a verdade é que a tradição das brincadeiras e dos micos pode ser um momento de descontração para os pais e para os convidados. Encha o ambiente com bexigas de todas as cores e divirta-se!

Adivinha o que é – É o joguinho mais clássico. Os pais têm de adivinhar o que é cada presente. Quando erram, pagam prenda, como usar fantasias e pintar partes do corpo.

O jogo das fotos – Peça para os convidados levarem fotos de quando eles eram crianças. A proposta é tentar adivinhar quem é quem. Vocês vão se divertir não só vendo as carinhas dos amigos, mas também ridicularizando a moda e os cabelos de outras épocas.

Brincadeiras e músicas infantis – Por que não incentivar seus amigos a relembrar suas canções e jogos favoritos? Que tal dança das cadeiras, corrida do saco, equilibrar ovo na colher, corre-cotia, complete a música, mímica? Você vai ter boas ideias de como distrair o seu filho quando ele crescer.

Jogo da papinha – Se os convidados estiverem mesmo no clima, você poderá comprar papinhas de várias marcas e sabores, tirar o rótulo e pedir para eles tentarem adivinhar os ingredientes de cada uma. Quem marcar mais pontos pode ganhar um brinde.

LISTA DE PRESENTES

A forma mais eficaz de garantir que você não receba presentes repetidos e monte um enxoval completo é fazendo uma lista de presentes. Você pode disponibilizá-la em alguma loja do ramo ou distribuir convites personalizados informando o convidado sobre qual presente ele deverá levar. Se você se lembrar de alguma peça que, mesmo não sendo tão essencial você adorou, esse é o momento de garantir que seus amigos saibam o que é.

Seu enxoval já está quase completo? Prepare um chá de fralda. Em vez de mimos variados, faça uma lista sugerindo como presente fraldas descartáveis de todos os tamanhos, além de fraldas de pano e de boca.

Os convidados mais próximos, padrinhos do bebê ou parentes do casal, podem presentear os novos pais com itens mais caros, como carrinho de bebê e até berços. Caso não tenham condição de gastar tanto, mas queiram dar um presente especial, podem ainda dividir o valor entre outros amigos e surpreender o casal. Mas, nesse caso, não cabe aos pais pedir os presentes.

No próximo capítulo, listaremos algumas sugestões para que você elabore a sua lista de presentes de acordo com o que você mais precisa e monte um enxoval com os itens realmente necessários.

ENXOVAL

Não se deixe levar pela emoção do momento: a verdade é que o comércio explora a sensibilidade das mães e acaba empurrando produtos que você não vai usar mais do que duas vezes quando tiver seu bebê – isso se usar! Como saber o que é realmente necessário? Utilizando o bom-senso, pergunte, teste antes de adquirir. Aqui você terá uma lista básica.

HIGIENE

Álcool gel – Para você limpar as mãos quando for trocar o bebê e para seus convidados, antes de o pegarem no colo.

Fraldas descartáveis – Essenciais! Compre um pacote pequeno de cada marca e teste cada uma para saber com qual delas a criança se adapta melhor.

Fraldas de pano – São importantes para secar a pele do recém-nascido após o banho e para limpar a boca do bebê – ele vai regurgitar, babar...

Fraldinhas de boca – As fraldas de pano cumprem o mesmo papel, mas as de boca são mais bonitinhas. Vai querer gastar?

Lenços umedecidos – Práticos para quando sair com o bebê. Em casa, prefira algodão com água morna para fazer a limpeza durante a troca de fralda.

Pomadas contra assaduras – Importantíssimas! Vão poupar seu filho do sofrimento.

Algodão – Sacos e mais sacos serão necessários.

Cotonetes – São úteis na limpeza do umbigo e das orelhas. Nunca limpe a orelha na parte interna, apenas faça higiene na parte externa, com muito cuidado para não escorregar para o orifício.

Kit higiênico – Porta-cotonetes, porta-algodão, garrafa térmica e pote para despejar a água e molhar o algodão: deixe tudo à mão, porque você vai trocar o bebê muitas vezes ao dia.

Banheira – Fundamental! A criança só passará a usar o chuveiro quando conseguir se equilibrar em pé sozinha. Prefira um modelo que possa ser usado com recém-nascido e bebê maior. Também pense no seu conforto, porque você vai precisar ter firmeza para segurar a criança e dar o banho.

Toalhas – Tenha ao menos três. Muitas vezes o bebê faz xixi e cocô após o banho, e você vai precisar de outra limpa rapidamente. Escolha as bem macias, com forração de pano de fralda para secar a pele delicada do bebê de maneira leve, com pequenos toques, sem precisar esfregar com força.

Sabonetes – Certifique-se de que eles são neutros, antialérgicos e próprios para crianças. Prefira os líquidos. Eles são mais práticos na hora de segurar o bebê com uma mão e passar o sabonete com a outra.

Xampus – Devem seguir os mesmos critérios dos sabonetes.

Óleo – Bom para massagear o bebê e para limpar algumas dobrinhas com a ajuda do cotonete.

Colônia, talco e creme hidratante – Use com indicação do pediatra (muitos médicos não recomendam).

Escova de cabelo e pente – Útil mesmo para os mais carequinhas. A escova deve ser bem macia para os primeiros meses de vida e usada com delicadeza (lembre-se da moleira).

Tesourinha para unhas – Compre uma sem pontas, apropriada para bebês. As unhas crescem muito e são finas, por isso, é fácil cortar a pele. Cuidado!

SONO

Colchão – Prefira os com forração de plástico na parte de cima. Assim, o xixi não é absorvido, e o colchão dura mais, sem ficar com aquele odor insuportável. Para que a criança não transpire e o xixi não seja absorvido, use protetor de colchão de algodão. Compre ao menos dois protetores para poder trocar.

Cobertor – É sempre importante ter, pelo menos, um de algodão, uma manta mais leve, e outro de lã, para os dias mais frios, caso a criança não seja alérgica. Evite edredons pesados para o bebê.

Lençol de berço – Dois jogos bastariam para você trocar a roupa de cama, mas, para o caso de o bebê sujar os lençóis mais de uma vez no mesmo dia, é bom ter um jogo extra. Três são suficientes.

Lençol de carrinho – Vale a mesma regra dos lençóis de berço. Use um colchãozinho de carrinho; faz toda a diferença para o conforto da criança.

Protetor de berço – Fundamental para o conforto e, mais importante, para a segurança do bebê. Quanto mais fino, melhor. Muito fofo pode provocar sufocamento.

Bebê-conforto – Será usado por muito pouco tempo, só enquanto o bebê for bem pequeno. Se a grana estiver curta, esqueça. A criança poderá ficar só no berço e no carrinho. O bebê-conforto só vale a pena quando você o compra em conjunto com o carrinho e pode usá-lo como cadeirinha de carro.

Moisés – Dispensável. Prefira o bebê-conforto, que é mais firme e vira cadeirinha de carro.

Babá eletrônica – O uso desse aparelho lhe proporcionará muito mais tranquilidade durante a noite. Assim você não terá de colocar o berço no seu quarto, o que não é uma boa opção.

FARMÁCIA CASEIRA

- Termômetro
- Bolsa de água quente
- Curativos aderentes
- Esparadrapo
- Gaze
- Solução fisiológica

Todos são itens para uma farmacinha básica. Não ministre nenhum medicamento à criança antes de consultar o pediatra.

GUARDA-ROUPA

- *Bodies* com manga curta
- *Bodies* com manga longa
- Culotes – Durarão mais do que as calças com pezinho, porque você poderá continuar usando com meias quando o bebê começar a esticar.
- Macacões – Botões do pescoço aos pés facilitarão a sua vida – e a do bebê, que ficará muito mais confortável.
- Meias
- Casaquinhos leves e mais quentinhos – Bebê também sente frio, principalmente no inverno.
- Xale – Dois mais leves e um mais quente.

Se você tiver uma boa variedade desses itens, uma média de sete peças de cada (com exceção dos xales), terá um guarda-roupa básico suficiente para o seu filho. Basta atentar para a estação do ano, garantindo que ele não passe frio nem calor. Lembre-se de que você vai trocá-lo pelo menos uma vez ao dia, após o banho. Sem contar as ocasiões em que ele regurgitará e em que o cocô e o xixi irão vazar da fralda.

Mas é claro que o exagero nas compras é um mal que acomete todas as novas mães. Você vai querer comprar gorrinhos, mesmo que não faça tanto frio e sabendo que seu filho nunca o manterá na cabeça por mais de dez segundos. Para o inverno, uma solução é comprar casaquinhos com capuz. Aliás, bem lembrado: fique atenta, porque você vai querer adquirir casaquinhos de todas as cores e estilos. Irá se apaixonar pelos sapatinhos (que são, sim, a coisa mais fofa), mesmo sabendo que eles serão desnecessários durante o primeiro ano (ou até a criança começar a andar), e pelos acessórios de cabelo para as meninas.

Tenha em mente que mais importante do que comprar roupas bonitas é escolher peças práticas. Permita-se fugir dessa regra de vez em quando, porque escolher as roupinhas é uma das atividades mais prazerosas para a futura mãe. Até porque seu filho vai receber visitas em casa e ter compromissos sociais em breve. Não é necessário ser radical, mas mantenha o foco. Na dúvida, opte pelas roupas que têm mais botões, entram com mais facilidade na criança e combinam com mais peças. Outro letreiro que deve se manter sempre aceso na sua cabeça é o lema: "Não comprometa demais o orçamento", especialmente quando o assunto é enxoval. Até porque você ainda vai ganhar dos amigos roupinhas de todos os estilos, cores e tamanhos. Saiba quais são os seus limites e, de resto, divirta-se.

OUTROS ITENS

Cadeirinha de carro – Você vai precisar de uma assim que sair da maternidade. Trata-se da segurança do seu filho, e seu uso é obrigatório por lei. Você pode comprar a cadeirinha avulsa ou o carrinho que já vem com o bebê-conforto que se transforma em cadeirinha, mais conhecido como "três em um".

Carrinho – Essencial! Vai servir para o passeio e como berço quando o bebê tiver de dormir fora de casa. Também será útil dentro de casa, para você transportá-lo de um cômodo a outro em segurança, para quando você precisar fazer algo e quiser ter o bebê por perto, e para niná-lo e fazê-lo dormir com o balanço. O modelo três em um é o ideal. O tipo guarda-chuva é mais prático quando se sai de casa, mas só servirá quando o bebê for maior e já ficar sentado. O recém-nascido precisa de um carrinho grande e aconchegante, visto que fica a maior parte do tempo deitado e dormindo.

Bolsa para sair com o bebê – Precisa ser grande para acomodar o kit de lenço umedecido, trocador portátil, roupas para troca e fraldas suficientes para o período em que vocês ficarão fora de casa, além de brinquedinhos e chupetas. Meses depois, ainda surgirão mamadeira e papinhas. Por isso, prefira as bolsas térmicas. Uma dica é colocar seus objetos na bolsa do bebê e deixar a sua em casa. Será menos um item para carregar.

Chupeta – Seu uso dependerá de você, do seu nível de paciência com o choro. E do seu filho, caso ele aceite a chupeta.

Babador – Existem quatro coisas que o bebê sabe fazer: dormir, comer, fazer cocô e babar. Sim, babadores serão necessários, mas prefira os de velcro, mais práticos e firmes.

Cabides – A maioria das roupas vai ficar dobrada nas gavetas, mas é bom ter alguns cabides para casaquinhos e roupas sociais.

Cadeirão – Existem vários modelos. Evite os de rodinhas e muito grandes. Ocupam muito espaço na sua casa e são menos seguros e estáveis do que as cadeirinhas que se adaptam às cadeiras da sua sala de jantar, copa ou cozinha. Compactas, elas podem ser levadas em viagens ou para a casa de parentes.

Andador – Esqueça. Pois, além de ocupar muito espaço, são responsáveis por muitos acidentes domésticos. Deixe a criança se esforçar sozinha para ficar em pé e andar.

Canguru – Pergunte ao pediatra se ele recomenda o uso. Alguns médicos não recomendam, outros preferem os mais firmes, e outros indicam os de tecido, os *babyslings*.

Berços portáteis – Se você viaja muito ou pretende deixar o bebê dormir na casa da sua mãe, sogra ou dos parentes, vale o investimento.

Almofada de amamentação – Muito útil. Ajudará você a colocar o bebê na posição correta durante a amamentação e preservará suas costas e braços.

Mamadeira e esterilizador de mamadeira – Como você não vai precisar desses itens nesse primeiro momento, deixe para gastar com isso depois.

Mordedor – Também só vai ser necessário mais para a frente.

Pratinho e talheres – Você só precisará deles lá pelo sexto mês.

MATERNIDADE

Imagine a cena: você está linda e gravidíssima em casa quando começa a sentir um desconforto. De repente, sua bolsa estoura. Você grita pelo seu marido, pela sua mãe, por alguém que a leve para o hospital. Mas – puxa vida! – a mala ainda não está pronta... Correria, alguém desce para ir ligando o carro, você tira uma bolsa do armário, enche de roupas e sai. Chegando à maternidade, percebe que sua mala está cheia de coisas inúteis, e que você esqueceu os itens mais importantes.

Desesperador, não é? Calma, você não precisa passar por tudo isso. É só se planejar. Deixe tudo pronto com antecedência.

O QUE LEVAR NA MALA?

Para o bebê:

- 6 conjuntinhos de *body* e calça ou 6 pagãos
- 6 macacões
- 2 mantas de linha
- 2 casacos de lã (se o bebê for nascer no inverno) ou de algodão
- 6 pares de meias

Para a mamãe:

- 3 camisolas com abertura na frente – esqueça os pijamas, principalmente se precisar fazer uma cesariana, pois o elástico da calça pode incomodar.
- 1 robe ou penhoar
- 3 sutiãs para amamentação
- 2 pares de chinelos
- Roupas para sair do hospital – vale guardar as peças que você usava no quinto mês de gestação. Muito provavelmente você ainda não vai caber nas roupas que usava antes de engravidar e se sentirá mais confortável com peças larguinhas.
- Produtos de higiene pessoal: hidratante, absorventes, sabonete, xampu, condicionador, desodorante, escova e pasta de dente.
- 6 calcinhas confortáveis
- Documentação – informe-se sobre o que a maternidade e o convênio médico exigem.
- Livro de boas-vindas

- Lista com os nomes e o número de telefone de todas as pessoas que você deseja avisar sobre o nascimento do bebê.
- Máquina fotográfica
- Enfeite de porta de maternidade
- Lembrancinhas

COMO RECEBER OS AMIGOS...

Lembra-se daquela tia-avó que, toda vez que a encontrava, apertava suas bochechas e se mostrava surpresa com o seu tamanho? Se ela ainda existe, seu filho vai ter a mesma figura na vida dele. A tia-avó, o tio bacana que sempre tem os bolsos cheios de doces, o parente distante que aparece em todos os aniversários, mesmo sem ser convidado. E prepare-se: todos eles vão querer fazer visitas quando você tiver o primeiro filho. A única diferença é que alguns irão à maternidade e outros esperarão até você voltar para casa.

Os dois momentos têm lados bons e ruins. Na maternidade, você terá enfermeiras para lhe dar algum suporte enquanto você distrai – e se distrai com – os amigos. Por outro lado, o parto estará muito recente, e você poderá estar cansada e sofrendo com dores. Além disso, falar muito logo após o parto pode provocar gases. Em casa, você estará mais à vontade, mas ainda se habituando ao bebê e à nova rotina. Geralmente, as pessoas costumam ter mais bom-senso quando estão em um hospital. Os "sem noção" podem passar da conta, ficar tempo demais contando histórias ou falar alto enquanto o bebê dorme. Em todo caso, prepare-se para as duas situações. Uma boa saída é avisar as visitas via SMS, e-mail, redes sociais ou por telefone que você receberá as pessoas a partir do dia X (geralmente um dia após o parto), dentro do horário de tal a tal hora, até o dia Y. Se não quiser receber em casa, seja clara: "Não receberemos visitas em casa até o bebê completar um mês, obrigada" (tempo suficiente para você se adaptar). Se achar melhor, especifique os dias e horários nos quais você gostaria de receber visitas. É só ser carinhosa no recado que todo mundo entende...

... NA MATERNIDADE

Na porta do seu quarto, pendure um enfeite decorativo, daqueles que, ao olhar, seus amigos vão reconhecer como sendo seu. Nem precisa gastar muito dinheiro. Você pode apelar para o artesanato de alguma amiga, ou improvisar com bonequinhos e bichinhos de pelúcia. O que vale é tentar criar, já ao passar pela porta, um ambiente mais pessoal, em vez de simplesmente um quarto de hospital. Se você já tiver decidido como vai batizar o pequeno, também pode fazer um quadro com o nome do bebê.

Providencie lembrancinhas para os amigos que forem te visitar na maternidade. Podem ser docinhos, sabonetes, um potinho ou uma mamadeira com balas de goma. A ideia é que o mimo tenha alguma relação com o universo infantil. Também deixe uma máquina fotográfica (e uma bateria extra) a postos, para registrar os sorrisos bobos dos amigos e parentes quando eles virem pela primeira vez o seu bebê.

Não sinta vergonha de pedir que suas visitas lavem bem as mãos antes de pegar o bebê. Afinal, as pessoas chegam da rua, e todo o cuidado é pouco quando se trata de um recém-nascido. Também insista para que eles falem baixo, não só pelo bem da criança, mas também pelo seu – que vai estar cansada – e do restante da maternidade. Se não quiser que as visitas segurem o bebê, peça à enfermeira que não traga a criança enquanto houver gente no quarto. Avise aos amigos e parentes que seu filho pode ser contemplado no berçário, que sempre é envidraçado o suficiente para uma melhor observação. Lembre-se você é a mãe, e pode ditar as regras em relação ao seu filho do seu jeito.

... EM CASA

A primeira regra é não encanar com a bagunça. O carrinho está largado no meio da sala? Suas coisas estão quase se perdendo embaixo de tantas roupas jogadas? Parece que um terremoto passou pela cozinha? Não se preocupe! A estrela é o seu bebê, e seus convidados sabem que todas as suas atenções estarão voltadas para ele.

Deixe sempre à mão, na cozinha, alguns petiscos para oferecer às visitas. Mas, novamente, sem encanações. Podem ser amendoins, salgadinhos, sucos, bolachas. Nada de ir para a cozinha preparar um superjantar: você não vai ter tempo nem disposição. No máximo, se a visita chegar na hora do jantar, peça uma pizza sem constrangimento e distribua guardanapos.

Em casa, vale a mesma regra de pedir que as visitas lavem bem as mãos antes de pegar o bebê. E, mesmo que você seja a mãe mais possessiva, deixe que seus amigos também curtam seu filhote. Aproveite para ir ao banheiro, comer alguma coisa, descansar. Cada minuto vai ser precioso. Mas continue seguindo os horários do bebê: se ele quiser mamar, nada de enrolar um pouquinho mais enquanto conclui uma conversa com o amigo. Os choros falam por si só.

LIVRO DE BOAS-VINDAS

Daqui a alguns anos, quando não puder mais colocar seu filho no colo, escolher sua roupa e embalá-lo até ele dormir, você vai sentir falta até das noites em claro com o bebê chorando. Para lembrar todos os momentos mágicos que você viveu, vale montar um livro de boas-vindas para o seu filho. Não é só para você matar a saudade, mas também para que seu filho, mais velho, veja como foi a chegada dele à família.

Em qualquer livraria você encontra muitas opções do "livro do bebê": para menina, para menino, unissex, mais completo, com álbum de fotografias, com pensamentos e inspirações. Eles são lindos, e, do alto da sensibilidade, as mães acabam desembolsando uma quantia excessiva pelo mimo. Mas quem quiser pode montar o próprio caderno de recordações. Além de economizar, o livro será personalizado e terá a cara da família, além de permitir que a mãe se estenda mais ou menos em algum assunto. O principal é incluir detalhes que você vai acabar esquecendo com o tempo, mas que são curiosos e dignos de nota.

O QUE REGISTRAR?

Comece colocando fotos suas com o pai do bebê mesmo antes da gravidez. Seu filho vai gostar de saber mais sobre como e onde vocês se conheceram, para onde viajaram, como foi o casamento (caso vocês sejam casados). Depois, coloque algumas fotos suas durante a gestação. Mostre a barriga crescendo e, caso comece o livro durante essa fase, conte um pouco sobre como você se sentia: se passou bem, se teve enjoos, desejos, sonhos. Quando começar o pré-natal, registre as informações sobre o bebê, e anexe também as imagens tiradas do ultrassom.

QUEM SOU EU?

Reserve um espaço para falar sobre a escolha do nome. O que significa? Quem escolheu? Como a criança se chamaria se fosse do sexo oposto? Registre também as características do bebê no nascimento: com quantos centímetros ele nasceu? Quanto pesava? Qual era a cor dos olhos? Ele tinha muito ou pouco cabelo? Coloque também a primeira foto do bebê, ainda na sala de parto, e carimbe com tinta as mãozinhas e os pezinhos da criança, como se fossem pegadas na trajetória do livro.

NASCIMENTO

Em qual maternidade o bebê nasceu? Qual foi o tipo de parto? Quanto tempo durou e a que horas a criança nasceu? Nessa página, vale contar tudo o que estiver envolvido com o grande dia. Você também pode relatar como estava se sentindo, quem a acompanhou até o hospital, quem assistiu ao parto, e até grampear a primeira página de um jornal do dia.

SUVENIR

Você vai se divertir revendo a primeira mecha de cabelo do seu filho, a pulseirinha da maternidade, os cartões das flores que recebeu. Junte tudo isso, compre um grande tubo de cola e dedique-se à montagem.

DOCUMENTOS

Anexe ao livro cópias da ficha da maternidade e da certidão de nascimento. Coloque também a pulseirinha da maternidade de mãe e filho.

BOAS-VINDAS

Peça para os amigos que forem visitá-la no hospital ou em casa que deixem recadinhos para o bebê no livro. Os mais talentosos poderão até fazer um desenho ou deixar alguns versinhos. Também registre quais foram as primeiras visitas, que presentes elas levaram, com quem o bebê ficou calmo e no colo de quem ele chorou.

MINHA FAMÍLIA

Como é a família, além da mãe e do pai? O bebê tem irmãos, primos, cachorros? Uma boa sugestão para não se esquecer de ninguém importante é fazer uma miniárvore genealógica: peça para os parentes mais próximos levarem fotos 3 X 4 quando forem visitar o bebê (ou corte fotos em que eles aparecem) e relacione pais, irmãos, tios. Fica fofo!

FOTOS

Mesmo que o caderno que você comprou não tenha um espaço específico para fotos, compre cantoneiras autoadesivas e monte seu próprio álbum.

DESENVOLVIMENTO

Anote o desenvolvimento do seu bebê mês a mês, e registre o primeiro banho, os primeiros passos, as primeiras palavras, os primeiros dentes, o primeiro corte de cabelo (guarde uma mecha), ou seja, todas as primeiras vezes. Tudo que for novidade tem espaço no seu livro de recordações. Também deixe espaço para fotos em cada situação.

PRIMEIRO ANIVERSÁRIO

Destaque uma seção especial para a festa de um aninho do seu filho. Anexe o convite, as fotos da festa, a lembrancinha, conte como foi o dia, quem compareceu, o que seu filho ganhou, de quais presentes ele mais gostou e como se comportou durante a comemoração. Por mais que ele não vá se lembrar do evento, você terá organizado tudo com tanto carinho que valerá a pena contar.

3

Recuperação pós-parto

Você já deve ter ouvido a frase "gravidez não é doença". É fato. Mas ela deveria vir com um adendo: "nem o pós-parto". As adaptações com seu corpo durante a gestação não foram fáceis, certo? Agora, outras virão. Você entrou no puerpério, mais conhecido como período de resguardo. Ele dura aproximadamente quarenta dias. São várias mudanças físicas e psíquicas que vão acontecer aqui.

Além de ter um bebê nos seus braços, você ganhou alguns quilinhos e uma barriguinha, e pele e músculos estão mais flácidos. É normal querer voltar à forma de antes, assim como sentir-se desconfortável e irreconhecível com seu novo corpo. Tente centrar seus esforços no bebê, mas não se esqueça de dedicar um tempo para si. Esse é um momento de adaptação e reencontro com você, com seu parceiro e com seu bebê.

Faça uma alimentação balanceada para ter a força necessária, beba muita água, não evite sair de casa, faça exercícios de acordo com as orientações do seu médico, descanse as pernas, mantenha a postura para ajudar na contração do abdome, cuide da beleza mesmo quando ficar em casa e dedique um tempo para fazer o que gosta, mesmo que seja por alguns minutinhos.

MODA E BELEZA

Você sentirá necessidade de comprar roupas de gestante assim que sua barriga começar a crescer. E quanto ao bebê? Certamente ganhará mais roupinhas do que precisa. Mas não está faltando nada? E na hora de amamentar?

A maioria das mulheres se esquece desse "pequeno detalhe", que vai acontecer inúmeras vezes ao dia e, no começo, com alguma insegurança. Na hora da fome e do choro, você não vai estar preocupada com o local, mas com a praticidade. Por isso, roupas especiais de amamentação são a melhor opção, principalmente para sair de casa.

Existem roupas próprias para amamentação. As peças conservam a modelagem e o estilo de roupas aparentemente normais, mas trazem fendas escondidas próximas aos seios. As blusas não deixam a barriga à mostra nem carregam nos decotes, deixando a mulher mais à vontade para receber visitas ou sair de casa.

Se você tiver dificuldade em encontrar marcas que fabriquem esses modelos especiais, há como adaptar alguns cortes convencionais. As camisas ou peças com abertura no meio são sempre uma boa opção. Blusas e vestidos na forma *cachecour* também são práticos, pois desamarram com facilidade, deixando a parte da frente da peça aberta. Em último caso, opte por blusas decotadas de malha que tenham elasticidade e que você possa abaixar a gola e tirar apenas um seio por cima. No frio, é só jogar um casaco e um cachecol para aquecer o pescoço.

CUIDADOS COM A PELE

Se você estiver preocupada com o ressecamento da mama, fissuras no bico do peito e outros problemas dessa ordem, pergunte ao seu médico sobre pomadas que possam ser usadas durante o período de lactação. Nunca use produtos no mamilo sem orientação médica. E sobre hidratação do rosto e corpo, uma dica: continue a usar os mesmos produtos autorizados durante a gestação. Lembre-se de que sua barriga diminui a cada dia, e que a pele vai precisar de hidratação para conquistar mais firmeza.

ARRANCANDO OS CABELOS

No período pós-parto, muitas mulheres reclamam da queda de cabelo. Mas calma! Não entre em desespero nem arranque os fios que lhe restam. Isso é extremamente comum, porque acontece uma queda abrupta dos hormônios, e o cabelo que está em fase de crescimento acaba caindo antes da hora.

Normalmente, isso é espontâneo e acontece nos seis meses após o parto. O ideal é que essa fase dure, no máximo, dois meses. Se continuar por mais tempo ou for muito intensa, você deverá procurar um dermatologista ou o próprio obstetra. Um especialista poderá fazer uma investigação sobre os motivos da queda de cabelo acima do normal, que pode ser até uma anemia. Se não houver problema relacionado e for apenas uma questão hormonal, o ideal é esperar. Com orientação médica, você poderá fortalecer a sua dieta, que está tendo um gasto energético muito grande devido à amamentação, com vitaminas ou complementos alimentares.

ALIMENTAÇÃO

Durante a fase de amamentação, você deve tomar alguns cuidados extras com a sua dieta. Não corte calorias logo após o nascimento do bebê. O ideal é esperar entre seis e oito semanas antes de moderar a alimentação, e mesmo assim, só faça isso sob orientação de um profissional. Nessa fase, seu corpo precisa das calorias para produzir uma quantidade adequada de leite, e a perda de peso deve ser um processo natural e gradual.

Hidrate-se, pois a amamentação fará com que sinta mais sede, e você vai precisar de uma quantidade maior de líquidos do que antes. Boas opções são sucos naturais de frutas, água e chá de camomila e erva-doce. Evite o consumo exagerado de cafeína, pois o bebê pode ficar agitado e inquieto. O máximo permitido é entre uma e duas xícaras de café por dia. E não se esqueça de que bebidas como chá-mate e refrigerantes também contêm cafeína. Outras bebidas que devem ser evitadas são as alcoólicas, porque afetam o apetite do bebê, diminuindo o consumo de leite materno.

Se o bebê apresentar quadros frequentes e intensos de cólicas, corte o consumo de leite e derivados por uma semana, e acompanhe a evolução. Na maioria dos casos, o bebê tem uma melhora significativa. Durante essa fase, opte por ingerir leite de soja, cereais matinais, verduras de folhas escuras, inhame e cará. Alimentos ácidos, como laranja, caju, acerola, maracujá e abacaxi, também podem ser causadores de cólicas, mas acompanhe, porque nem todos os bebês reagem de forma negativa a eles. Alimentos causadores de gases também podem provocar cólicas no bebê, como repolho, couve, couve-flor, brócolis, feijão, ervilha, lentilha, milho, alimentos muito condimentados e doces concentrados. Discuta a sua alimentação e a do bebê com seus médicos: obstetra e pediatra.

ATIVIDADE FÍSICA

A realidade é: o bebê sai no parto e grande parte da barriga fica. A sensação é de que você continua grávida. A vontade que tem é de fazer 10 mil abdominais para perder tudo de uma vez. Você se olha no espelho e não se reconhece. Mas cuidado com os exageros! Tudo pode voltar ao normal aos poucos, com persistência para fazer exercícios leves e cuidar da alimentação.

A palavra é moderação. Estudos demonstram que exercício físico em excesso no período pós-parto pode diminuir a produção de leite. Especialistas dizem que a atividade física extenuante produz componentes no nosso organismo que, misturados ao leite, deixam o gosto dele diferente, mais amargo. Sendo assim, o bebê rejeita o peito, e, sem o estímulo da sucção, o corpo para de produzir leite.

O recomendado pelos especialistas é que, após o nascimento do seu filho, você fique por pelo menos quarenta dias sem exercícios físicos. Você estará se adaptando à nova rotina com o bebê, o que já cansa o suficiente. Além disso, durante o período gestacional, muitas alterações corporais ocorreram, e exercícios errados ou em excesso poderão comprometer seu sistema musculoesquelético. Contudo, isso não significa que você tenha de se tornar uma pessoa sedentária. Depois do resguardo, aos poucos, com muito bom-senso e acompanhamento de um profissional de educação física, vá retomando os exercícios. Caminhadas e atividades de baixo impacto são permitidas, sobretudo se você já tinha uma vida ativa antes da gestação.

O importante é manter a postura e amamentar bastante para ajudar na contração do abdome e do útero. Muitos obstetras até dispensam o uso da cinta para gestantes, para que a mulher não relaxe e trabalhe sozinha a musculatura.

DEPRESSÃO PÓS-PARTO

Que contradição: você acabou de passar por um dos momentos mais felizes da sua vida, mas por algum motivo, que foge à sua compreensão, existe uma tristeza dentro de você, pensamentos negativos que teimam em voltar quando você menos espera.

O *blues* pós-parto ou *blues* puerperal, como alguns especialistas chamam, é muito comum, quase universal. Trata-se de uma tristeza que acomete as novas mães em um momento tão delicado. É um choro fácil e temporário. Saber que isso é esperado, que você não é um monstro por estar se sentindo assim, é um grande alívio. Ninguém definiu exatamente a causa disso, mas tem um lado hormonal, um lado orgânico, difícil de escapar. Portanto, tire o peso da culpa das costas. Esse é o primeiro passo para passar por essa fase o mais rápido possível.

Não sinta vergonha dos seus sentimentos e procure conversar bastante com o seu parceiro e com o seu médico. Juntos, vocês saberão quantificar essa tristeza, assim como a partir de que ponto é necessário intervir com alguma medicação ou terapia, dependendo da intensidade dos sintomas e das suas causas. Às vezes, trata-se simplesmente de uma equação química: a queda brusca dos hormônios, a falta de neurotransmissores no cérebro, coisas fáceis de serem revertidas com os remédios certos. Em outros casos, você poderá ter problemas de ordem psicológica, como pensamentos ruins, cujo melhor tratamento talvez seja uma terapia.

O prazo esperado pela maioria dos médicos antes de tomar atitudes mais drásticas é de duas semanas. Nesse período, ainda se trata daquela tristeza natural. Se você estiver se sentindo incomodada ou achar que a tristeza está além do normal, que aquilo está provocando muito sofrimento, avise logo o seu médico.

COMO SE PREVENIR?

Procure não ficar muito tempo sozinha com o bebê e evite filmes, programas de TV, músicas e livros que levam ao choro fácil, que carregam na emoção. O apoio da família ajuda muito a driblar essa situação. Uma vida conjugal estável, a presença de amigos e parentes, um ambiente acolhedor e um pré-natal benfeito são fatores que diminuem a incidência da depressão pós-parto. Ter um bom suporte fará você se sentir amada e protegida, e, dessa forma, será mais fácil passar por esse período de tristeza sem entrar em desespero. Se a gravidez for desejada e planejada, também diminuirão os riscos de depressão.

Caso você já tenha histórico de depressão, avise o seu médico para que, até mesmo durante a gestação, um trabalho especial seja feito com base nisso.

VIDA SEXUAL

Muitas mulheres e seus companheiros imaginam que irão recuperar a qualidade de sua vida sexual logo após o parto. Mas será preciso um pouco mais de paciência e até mesmo de planejamento – sempre lembrando que o médico que acompanha a evolução da gravidez pode orientar também sobre esse assunto, já que o tema estará ligado diretamente ao corpo da mulher.

Os médicos recomendam, inclusive, que não haja atividade sexual durante cerca de quarenta dias após o parto, devido a sangramentos e secreções que serão liberados pelo corpo da mulher. Mas esse período de abstinência será mais facilmente compreendido por ela do que por seu companheiro. Isso porque é bastante difícil a nova mãe apresentar desejo sexual no pós-parto, por conta principalmente da alteração hormonal. Nesse momento, existe o estímulo da amamentação e o aumento da prolactina, que estimula a produção de leite e reduz a libido de forma intensa – e isso se intensifica ainda mais com a diminuição da produção de estrógeno.

Isso, claro, sem citar os fatores externos. Como a maternidade é o auge da feminilidade e um evento totalmente pertencente à mulher, é comum que ela volte toda a sua atenção somente para a criança, pois, nesse momento, isso a satisfará por completo. Além do mais, há um estranhamento normal entre a nova mãe e seu corpo – como a mudança física é radical, muitas mulheres se sentem incomodadas com sua forma, que demandará um tempo para voltar ao normal.

PARTICIPAÇÃO DO COMPANHEIRO

É normal e compreensível que o casal passe por um período de adaptação para voltar a ter uma vida sexual ativa e saudável. Para que esse processo aconteça sem transtornos, é importante que você e seu companheiro façam tudo de forma conjunta. Nada de cada um ficar no seu canto esperando tudo se normalizar. Até porque filho é para sempre: nunca a vida do casal volta a ser como antes. Pode ser melhor ou pior, depende de vocês.

Sobretudo nas primeiras semanas do bebê, é normal o homem se sentir deixado de lado. Cabe à mulher incluí-lo na nova rotina, trazendo-o para dentro do relacionamento entre mãe e filho. Não fique possessiva em relação à criança, achando que só você sabe fazer tudo.

Evite a distância e a separação dos papéis: vocês dois são pais. Se for o caso, atrase o horário do jantar para que os dois façam a refeição juntos, mas não afaste seu companheiro. Não corra o risco de cair no "vai jantando enquanto eu termino de arrumar o bebê", que pode se tornar um hábito. Troquem seu filho juntos: será mais rápido e mais divertido. Depois, jantem os dois sozinhos. Dividam as experiências diárias e reservem um tempo para assistir a um pouco de televisão ou conversarem enquanto o bebê dorme.

Com isso, a intimidade do casal volta e o desejo sexual ressurge. Contudo é necessária uma adaptação, quase uma redescoberta. É comum, em algumas situações, o toque entre vocês causar "estranhamento". A mulher se sente fora de forma, e o peito cheio de leite não é lá muito *sexy*. Mas deve-se ter em mente que isso é passageiro. O que não pode acontecer é cada um se acomodar e ir levando sua vida. Não se esqueça de tomar banho, colocar uma roupa confortável, mas atraente, de pentear o cabelo, fazer depilação... ou seja, de se cuidar.

Uma nova vida dentro de casa é motivo de alegria enorme para todos, mas isso – especialmente no começo – também traz muitos problemas e aflições. E a melhor maneira de passar por eles é juntos.

4

Um bebê em casa

A primeira pergunta que você fará é: "E agora?". Isso é supernormal. Bebê não vem com bula nem manual. Além de ser um "estranho" na sua casa. Vocês ainda estão se conhecendo. Agora, você é mãe, e isso também pode significar se desesperar e perder a compostura nos momentos de maior pressão.

A partir do instante em que estiver com seu bebê, ele será sua prioridade. Acredite, significa que você o colocará à frente de todas as outras coisas e pessoas, muitas vezes até mesmo acima das escolhas mais lógicas e racionais. Tente curtir cada momento sem se esquecer de você. Afinal, filho é para toda a vida.

A ESCOLHA DO MÉDICO PEDIATRA

A escolha do pediatra é uma das decisões mais importantes que você precisa tomar. Afinal, trata-se de uma pessoa qualificada que vai guiar sua família pelo caminho mais acertado, mesmo nos momentos mais difíceis. Por isso, não deixe essa decisão para a última hora. No momento em que você estiver com o seu filho nos braços, começará a correria, e você não terá a calma nem o tempo necessário para refletir sobre o assunto.

A orientação da Sociedade Brasileira de Pediatria é que já a partir da 32ª semana de gestação você procure um profissional para acompanhar a parte final da gravidez e estabelecer um vínculo com sua família. Afinal, é a essa pessoa que você vai recorrer nos momentos de maior aflição, daqui em diante.

Em consultas antes do parto, você poderá esclarecer suas principais dúvidas com toda a calma possível – sem a pressão do choro do seu filho e dos palpites da família. Elas servem para obter dicas em relação à saúde e às necessidades nutricionais, tanto as suas quanto as da criança. Também é o momento para obter sugestões de livros que orientem os pais nas horas em que o médico não estará à disposição. Mas lembre-se de que este é justamente um dos principais fatores na escolha do seu pediatra: a disponibilidade.

Assim como aconteceu quando você escolhia seu obstetra, novamente você vai ouvir a indicação de amigos, familiares ou até mesmo buscará sugestões por meio do plano de saúde e da internet. Após selecionar alguns nomes, será essencial a preocupação com a facilidade de encontrar seu médico. Você já parou para pensar se o consultório fica perto da sua casa? O médico lhe deu o número do celular ou o endereço de e-mail? Você pode encontrá-lo facilmente em situações de emergência? E mais importante: você se sentirá à vontade para telefonar para a casa do médico no meio da madrugada com uma pergunta aparentemente tola?

Lembre-se: essa será a pessoa a quem você vai recorrer constantemente quando sentir que a saúde do seu filho está ameaçada de alguma maneira. Por esse motivo, é essencial o conhecimento mútuo entre a família e o pediatra, o que dará início, a partir daí, a uma relação de confiança e empatia.

O seu coração de mãe saberá reconhecer mais que um médico no lado profissional: uma pessoa que se importa e se preocupa com a família como um todo. Essa empatia poderá ser percebida desde a primeira consulta. Mais que as perguntas de praxe sobre histórico de doenças e exames, o profissional deverá conhecer o ambiente em que aquela criança vai viver e as preocupações que os pais trazem consigo, ainda que as dúvidas sejam as mais elementares.

É fundamental que você tenha liberdade para perguntar sem nenhuma restrição: se você sair do consultório com questões não respondidas, é um sinal de que está mais do que na hora de repensar a escolha do médico. É nessa relação que você vai demonstrar toda a sua insegurança de mãe de primeira viagem e compartilhar suas preocupações. Ou seja, é fundamental que você sinta que, para o médico, seu filho também é especial e único.

PARTICULAR X PLANO DE SAÚDE

Intuição e *feeling* são essenciais na escolha do pediatra, mas é importante que você não deixe de lado os elementos mais práticos. Lembre-se de que as consultas com o médico serão recorrentes (mensais, até um ano de idade, na maioria dos casos). Assim, é o momento de você e sua família decidirem se o melhor caminho é optar por um médico que atenda ao seu plano de saúde ou pagar por consultas particulares.

No caso do plano de saúde, você deverá se perguntar: o pediatra estará disponível se eu quiser ligar para ele no meio da madrugada? Ele vai me receber mesmo quando eu quiser voltar mais de uma vez na mesma semana? A consulta terá sempre a mesma duração? O médico vai me atender com paciência e tirar todas as minhas dúvidas, ainda que isso demore mais do que o esperado? Ele aceita encaixe de horário em caso de emergência? Consigo marcar uma consulta em poucos dias ou a agenda dele só tem horário para daqui a três meses?

A saúde de seu filho deve ser a preocupação número um da família, então, é fundamental discutir os gastos em torno disso. As consultas periódicas são importantíssimas para o desenvolvimento perfeito do bebê e precisam entrar no orçamento da casa. Procurar um convênio que ofereça reembolsos é uma opção coerente. Também é preciso ver se o médico cobra o retorno do bebê. Por exemplo, seu filho fica doente, faz uma consulta e precisa voltar para ser reexaminado em alguns dias. Geralmente, esse retorno não é cobrado, mas é bom se certificar disso. Tenha em mente que você, como mãe, tem o direito – e o dever – de exigir o melhor tratamento e toda a atenção para o seu filho.

COM QUE FREQUÊNCIA LEVAR O BEBÊ AO PEDIATRA?

A primeira consulta acontece por volta do 7º dia, que é o tempo necessário para a família se habituar à dinâmica e ao comportamento do bebê. A quantidade e qualidade de seu sono, quantas vezes mama, como é o cocô e o xixi, se tem cólicas... Coisas que você só descobrirá passando um tempinho com seu filho.

Até a criança completar um ano de idade, o ideal será que as consultas sejam pelo menos mensais, para acompanhar seu crescimento e desenvolvimento. Essa periodicidade é necessária para que o médico oriente a introdução da alimentação, vacinação e outros cuidados importantes, além de observar a desenvoltura dos pais e o ambiente de criação. Já a partir do segundo ano de vida, as visitas ao médico poderão ser trimestrais.

COMO USAR A INTERNET A SEU FAVOR

O Ministério da Saúde adverte: a busca descontrolada por doenças e tratamentos on-line pode causar desespero, histeria e estresse para toda a família, além de efeitos colaterais prejudiciais à saúde do bebê.

Com as facilidades da tecnologia, descobrimos um médico que trabalha 24 horas por dia: a internet. É a ela que você vai recorrer antes de ligar para o seu médico de confiança e checar aquele tratamento que o pediatra indicou. Você também vai querer conversar com outras mães pelas redes sociais e saber o que elas fizeram com os respectivos filhos. De modo geral, não há nada de errado nisso. Porém, não se esqueça de que o seu pediatra estudou muitos anos para se especializar em como cuidar do seu filho, além de saber o histórico do seu bebê e de examiná-lo clinicamente. A internet é uma ótima fonte, mas deve servir apenas como local de pesquisa. Nunca medique seu bebê sem avaliação profissional. Antes de se desesperar com uma informação on-line, lembre-se dos motivos que a levaram a escolher seu pediatra e a confiar seu filho a ele.

Se você desejar o auxílio da internet, pesquise sobre os médicos. Hoje em dia, uma grande parte dos profissionais aderiu às facilidades tecnológicas e "atende virtualmente", seja pelas redes sociais, seja por sites próprios. Alguns portais que facilitam essa pesquisa são:

- Sociedade Brasileira de Pediatria (SBP) – www.sbp.com.br
- Sociedade Brasileira de Imunologia (SBI) – www.sbi.org.br

EXAMES ESSENCIAIS PARA O BEBÊ

Ainda na maternidade, uma série de exames deve ser feita em seu filho para checar sua saúde antes mesmo de ir para casa. Logo após o parto, a equipe médica verifica a circulação sanguínea, além de mãos, pés, pulmões, nariz etc. No teste de Apgar, como é chamado o primeiro exame médico do bebê, são avaliados a cor da pele, a frequência cardíaca, a respiração, os reflexos e o tônus muscular.

PRIMEIROS EXAMES DO BEBÊ

A partir de então, começam os testes pelos quais o bebê precisa passar ainda no berçário. Basicamente, são três: do pezinho, da orelhinha e do olhinho.

O ideal é que o teste do pezinho seja realizado em até três dias após o nascimento. O exame consiste em um pequeno furo no calcanhar do bebê que vale o choro: detecta doenças metabólicas, genéticas ou infecciosas que podem causar retardo mental. Os serviços de saúde oferecem o exame em três formas: "básica", "mais" e "super".

A triagem "básica" detecta três diagnósticos: fenilcetonúria, hipotireoidismo congênito e anemia falciforme. O teste "mais" pode detectar outras possíveis doenças, como toxoplasmose congênita e deficiência de G6PD, enquanto o "super" pode detectar até 46 doenças.

Além do pezinho, existem outros exames preventivos e fundamentais para a saúde do seu filho. O teste da orelhinha detecta problemas de audição – quanto mais cedo for feito o diagnóstico, maiores as chances de cura ou de diminuição do problema.

Esse exame simples e indolor deve ser realizado a partir do segundo dia, e consiste na introdução de uma sonda, que emite estímulos sonoros enquanto a criança está de repouso. O computador capta as respostas do ouvido e analisa os resultados.

O teste do olhinho tem de ser realizado nas primeiras 48 horas de vida, e previne problemas de visão, como o glaucoma. Um feixe de luz é direcionado ao olho do bebê, que a reflete: luz vermelha, como a que sai em fotos com flash, garante visão perfeita. Se a luz é branca, a criança pode ter catarata congênita ou outro problema.

Todo recém-nascido tem de passar por esses exames e é seu dever como mãe exigir dos médicos que façam todos eles dentro dos prazos indicados. São testes obrigatórios por lei.

MOLEIRA

A moleira ou fontanela já foi origem de muito medo dos pais, mas hoje seus benefícios são muito mais conhecidos. Ela nada mais é do que uma parte do crânio em que não há ossos envolvendo o cérebro. Ou seja: a cabeça do bebê tem uma região mole – o que pode assustar muita gente. Na verdade, são duas partes: uma menor, que se fecha a partir dos dois meses, e outra maior, que desaparece após 18 meses.

Essa estrutura tem um propósito: garantir que o cérebro tenha espaço de desenvolvimento. Também, durante o parto normal, facilita a passagem da cabeça do bebê. Mas o cérebro se mantém protegido: existe uma bolsa de sangue que desempenha essa função. Além disso, algumas doenças podem ser detectadas através da velocidade de desenvolvimento da moleira, seu inchaço ou depressão.

Não há o que temer: deve-se tomar cuidado com impactos na cabecinha do bebê, porém, não há necessidade de deixar de lavá-la no banho, por exemplo.

ICTERÍCIA

Você sabia que a cada dez bebês que nascem, três apresentam icterícia, problema conhecido por causar cor amarelada no corpinho e na parte branca dos olhos do recém-nascido? O tom amarelo é resultado do acúmulo de bilirrubina no sangue, pigmento de cor amarelada, que é produzido pelo metabolismo das células vermelhas do sangue. O recém-nascido pode desenvolver a doença quando o fígado ainda não está maduro o suficiente e não consegue metabolizar a bilirrubina produzida, caracterizando a icterícia fisiológica. A icterícia fisiológica é a mais comum, porém existem outras causas para a mesma doença, como as icterícias provocadas por incompatibilidade do sangue dos pais com o sangue do bebê:

incompatibilidade AB ou do fator Rh. Nesses casos, o tratamento com fototerapia (banho de luz) pode demandar um grande período de internação, além de outras medidas.

A icterícia aparece entre o segundo e o terceiro dias de vida. A cor amarela começa na cabeça e vai descendo pelo corpo, até chegar às pernas. O bebê não sente absolutamente nada, a não ser nos casos em que a bilirrubina está em um nível muito alto, o que causa sonolência e irritação.

O tratamento é feito com fototerapia, mais conhecido como banho de luz. Apenas de fralda e usando óculos especiais para proteger os olhos, o bebê é colocado em um berço com fonte de luz que ajuda a pele a absorver a cor amarela e converte a bilirrubina impregnada nela. Não são usados medicamentos. A icterícia fisiológica não é considerada doença, e é mais frequente em bebês prematuros e orientais.

Em casos em que a icterícia chega a nível elevadíssimo, há o risco de a bilirrubina passar para o sistema nervoso e acarretar sequelas, como atraso no desenvolvimento e surdez. A icterícia pode surgir depois que mãe e filho já tiveram alta da maternidade. Por isso, é muito importante levar o recém-nascido para uma consulta com o pediatra logo na primeira semana de vida.

VACINAÇÃO

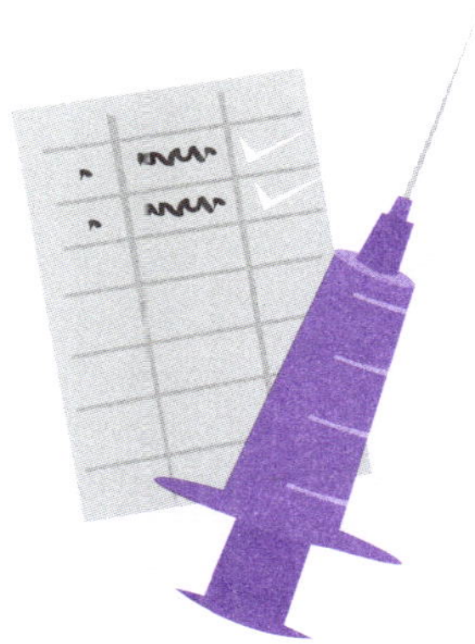

Além de todos os cuidados da mãe e da família, é essencial, para a completa proteção do seu filho, que você fique atenta ao calendário de vacinação. Se você puder, evite sair de casa com seu filho até os dois meses, quando ele terá tomado as primeiras doses das principais vacinas e estará com o organismo mais preparado para enfrentar locais cheios de pessoas estranhas. Nesse período, prefira ir até uma praça, parque ou local arejado. Evite o contato direto do sol com a pele do bebê, pois há o risco de ele desenvolver uma melanoma. Prefira iniciar o contato com o sol após os seis meses.

O calendário a seguir é recomendado pela Sociedade Brasileira de Pediatria, e inclui todas as vacinas indicadas pelo Programa Nacional de Imunizações – que são oferecidas gratuitamente nos postos de saúde –, mais as chamadas complementares, dadas somente em clínicas particulares.

CALENDÁRIO DE VACINAÇÃO DA CRIANÇA

(RECOMENDADO PELA SOCIEDADE BRASILEIRA DE PEDIATRIA – 2009)

IDADE	VACINA	DOSES	DOENÇAS QUE IMUNIZA
Ao nascer	BCG – ID	dose única	Formas graves de tuberculose
	Hepatite B	1ª dose	Hepatite B
1 mês	Hepatite B	2ª dose	Hepatite B
2 meses	Vacina tetravalente (DTP + Hib)	1ª dose	Difteria, tétano, coqueluche, meningite e outras infecções causadas pelo *Haemophilus influenzae* tipo B
	VOP (vacina oral contra pólio)	1ª dose	Poliomielite (paralisia infantil)
	VORH (vacina oral de rotavírus humano)	1ª dose	Diarreia e desidratação causada por rotavírus
	Antipneumocócica conjugada dez valente	1ª dose	Meningite pneumocócica, pneumonia, sinusite
3 meses	Antimeningocócica C conjugada	1ª dose	Meningite meningocócica C
4 meses	Vacina tetravalente (DTP + Hib)	2ª dose	Difteria, tétano, coqueluche, meningite e outras infecções causadas pelo *Haemophilus influenzae* tipo B
	VOP (vacina oral contra pólio)	2ª dose	Poliomielite (paralisia infantil)
	VORH (vacina oral de rotavírus humano)	2ª dose	Diarreia e desidratação causada por rotavírus
	Antipneumocócica conjugada dez valente	2ª dose	Meningite pneumocócica, pneumonia, sinusite
5 meses	Antimeningocócica C conjugada	2ª dose	Meningite meningocócica C
6 meses	Vacina tetravalente (DTP + Hib)	3ª dose	Difteria, tétano, coqueluche, meningite e outras infecções causadas pelo *Haemophilus influenzae* tipo B

(*) Não disponível na rede pública.

IDADE	VACINA	DOSES	DOENÇAS QUE IMUNIZA
6 meses	VOP (vacina oral contra pólio)	3ª dose	Poliomielite (paralisia infantil)
	Hepatite B	3ª dose	Hepatite B
	Antipneumocócica conjugada dez valente (*)	3ª dose	Meningite pneumocócica, pneumonia, sinusite
	Influenza	1ª dose	Gripe
7 meses	Influenza	2ª dose	Gripe
9 meses	Febre amarela	dose única	Febre amarela
12 meses	SRC (tríplice viral)	dose única	Sarampo, rubéola e caxumba
	Hepatite A (*)	1ª dose	Hepatite do tipo A
	Varicela (*)	1ª dose	Catapora
15 meses	VOP (vacina oral contra pólio)	reforço	Poliomielite (paralisia infantil)
	DTP (tríplice bacteriana)	1º reforço	Difteria, tétano e coqueluche
	Antipneumocócica conjugada dez valente (*)	reforço	Meningite pneumocócica, pneumonia, sinusite
18 meses	Hepatite A (*)	2ª dose	Hepatite do tipo A
2 anos	Influenza (*)	reforço	Gripe
3 anos	Influenza (*)	reforço	Gripe
4 anos	Influenza (*)	reforço	Gripe
5 anos	Influenza (*)	reforço	Gripe
4 - 6 anos	DTP (tríplice bacteriana)	2º reforço	Difteria, tétano e coqueluche
	SRC (tríplice viral)	reforço	Sarampo, rubéola e caxumba

(*) Não disponível na rede pública.

CHORO

Se existe uma certeza no mundo dos bebês é: seu filho vai chorar. Pensa que é fácil sair de um útero quentinho e seguro, no qual ele ficou por nove meses, com comida a toda hora sem precisar pedir? O choro é a maneira que seu filho tem para se comunicar com você, a mãe dele. Você precisa estar disposta e atenta para suportar muito choro nos primeiros meses. O mais importante é ter calma, controlar sua irritação e não querer fazê-lo parar de chorar a qualquer custo. Aos poucos, você vai conhecê-lo melhor e saberá que atitude tomar para fazer passar aquele berreiro. O pânico pode desestabilizar emocionalmente toda a família e piorar a situação.

POR QUE OS BEBÊS CHORAM?

O primeiro choro do bebê acontece quando ele nasce. Ele começa a respirar e sente falta da segurança do útero. Depois, seu filho chora para demonstrar suas necessidades. Até o terceiro mês ele deverá chorar bastante. É o tempo de o bebê começar a interagir mais com o mundo e de você começar a conhecê-lo melhor. O choro pode representar desconforto emocional (falta de atenção, insegurança, medo, tédio, cansaço, irritação com barulho e luz, colo demais, contato com muitas pessoas estranhas num dia só e brincadeiras em excesso) ou físico (sono, fome, sede, fralda suja, doenças, gases, calor ou frio, roupas desconfortáveis e posição incômoda).

PARA ACALMAR...

Não tenha medo de tentar deixar seu bebê tranquilo na base da tentativa e erro. Insista até conseguir chegar ao seu objetivo: o silêncio. Se for desconforto físico, a solução é mais óbvia. Está com fome? Amamente. Está com frio? Coloque uma manta. E assim por diante. No caso do desconforto emocional, você vai precisar de mais paciência. O método que funciona melhor é embalar o bebê no seu colo e fazer carícias nele. Ele adora a segurança dos seus braços e sentir o ritmo do seu coração. Se ainda assim o bebê continuar chorando, tente uma massagem, coloque músicas relaxantes, converse com ele olhos nos olhos com uma voz doce, mantenha o ambiente calmo e com pouca luz, e dê uma volta com ele pela casa ou até mesmo pela rua. Se nada resolver, entre em contato com o seu pediatra.

CHILIQUES

Conforme a criança for crescendo e interagindo com o meio e com outras pessoas, terá de lidar com a frustração. É provável que ela queira algo e não consiga do jeito que imaginou, e no tempo dela, e comece a dar o famoso chilique. Resultado: chora, berra, se debate e fica fora de controle. Não se intimide! Aprenda a dizer não. Quanto mais cedo ela souber o significado dessa palavra, mais fácil vai ser para ela enfrentar o mundo. Senão, aos poucos, você terá um bebê ditador em casa, e ficará cada vez mais difícil assumir o controle da educação dele.

O chilique precisa de plateia, que, em geral, é você. Certifique-se de que a criança não vai se machucar e retire-se para outro lugar. Quando passar o "show", volte, converse com ela explicando seus motivos do "não", e dê um abraço conciliador se ela estiver calma e arrependida.

Às vezes, o chilique ocorre por puro cansaço ou fome. Com uma boa rotina de sono e alimentação, você minimizará o problema.

FRALDA

A equação é simples: a fralda deve ser trocada sempre que estiver suja. É uma questão de higiene que previne infecções e irritações desnecessárias.

O primeiro mandamento diz: nunca deixe seu bebê acordado sozinho. Pais desacostumados acabam colocando o bebê no trocador e saem em busca de todos os apetrechos necessários para a hora tão temida. E é nesse momento que alguns acidentes acontecem. Lembre-se de deixar sempre tudo à mão: fralda limpa, saco de lixo para jogar a fralda suja, algodão ou lenços umedecidos para a limpeza, água morna, pomada para assaduras e uma muda de roupas limpas. Somente depois de reunir tudo isso, coloque seu filho no trocador. Se esquecer de algo, feche a fralda mesmo suja e deixe o bebê no berço ou no carrinho enquanto estiver ausente.

Agora, o passo a passo que, depois de algumas repetições, vai se tornar automático: solte os adesivos da fralda e, antes de retirá-la, dobre-a embaixo do bebê, levantando suas perninhas. Aproveite para tirar todo o excesso de cocô juntamente com a fralda que vai para o lixo.

Limpe o bebê com algodão e água morna ou lenços umedecidos. É importante que, especialmente nas meninas, os movimentos sejam da frente para trás, para evitar que se contamine a vagina com bactérias das fezes. Depois, levante novamente as perninhas e limpe bem o bumbum. Uma dica: se tiver um menininho, coloque uma fralda de pano em cima do pênis para fugir de um esguicho inesperado!

Então coloque uma nova fralda aberta embaixo do bumbum. Passe pomada na parte externa dos órgãos genitais, no bumbum e até na virilha, para que a fricção com a fralda não cause assaduras. Estique bem para que ela se acomode entre as pernas do bebê, e certifique-se de que os adesivos estejam colados. Deixe-a apenas justa, sem apertar a criança e... pronto!

A má notícia é que tudo isso vai lhe parecer muito mais difícil na prática, com um filho irritado por estar sujo, com a pressa de limpá-lo, e sem saber direito o que fazer com toda aquela "caca" ao seu redor. A boa notícia? Considerando que um bebê troca de fralda em média oito vezes por dia, você vai ter bastante tempo para treinar e, em dois dias, tudo isso se tornará automático!

SAINDO DAS FRALDAS

A maioria das crianças começa esse processo em torno dos dois anos de idade. Mas não se preocupe caso o seu filho demore mais: o importante é não haver pressão. Além de atrapalhar as próprias funções fisiológicas, a pressão pode causar traumas psicológicos que serão barreiras no futuro. A dica aqui é bastante simples: paciência.

Tudo vai acontecer naturalmente: você vai perceber que seu filho começará a se incomodar e avisar quando fizer cocô ou xixi – ele pode, por exemplo, se agachar para demonstrar que é hora de correr para o banheiro – e vai querer trocar de fralda. Outro sinal importante é quando a fralda que ele usou à noite começou a acordar sequinha.

O melhor argumento que você pode usar para convencer seu filho a largar a comodidade da fralda e dar o grande passo de usar o penico ou o vaso sanitário é convencê-lo de que ele já é grande o suficiente para fazer igual aos pais. A mudança é natural: com seu crescimento, ele eventualmente começará a se sentir incomodado com a fralda e, ao mesmo tempo, adquirir mais controle sobre suas funções fisiológicas. É nesse momento que o treino para ir ao banheiro deve começar.

DE DIA É FÁCIL...

Você pode começar o treino apresentando o banheiro a ele. Mostre como sentar no vaso (que deverá estar sempre fechado, de preferência com trava de assento, para evitar o risco de a criança cair dentro dele) – lembre-se de comprar um redutor de assento, ou mesmo um penico ou uma privadinha –, as maneiras de usar o papel higiênico e a descarga, e ensine-o a lavar as mãozinhas depois. Acostume-o com o local. Você pode levar as fraldas sujas até a privada e jogar o cocô ali, mostrando que aquele é o local correto para isso. Diga tchau para o cocô e comemore (sempre ajuda!).

Coloque-o sentadinho na privada ainda com as fraldas, para ele saber o que é preciso fazer e conhecer a sensação de estar naquele ambiente. Para as meninas, a lógica é mais prática: ela se senta para fazer xixi ou cocô. Com os meninos, o aprendizado é mais complicado; é natural que demorem mais nesse processo, até perceberem o momento de sentar ou de ficar em pé. Para os dois sexos, ainda é complicado explicar se é xixi ou cocô de primeira. Às vezes, eles se confundem. Deixe o menino fazer xixi sentado, caso ele se sinta mais à vontade.

Quando seu filho estiver naquela fase de desenvolvimento em que já consegue se equilibrar com eficiência e identificar e pegar objetos, ele também começará a avisar que quer (ou vai) fazer xixi. Sugira então o uso do banheiro, e tenha paciência até que todo o processo aconteça corretamente. Se ele faz cocô em horários regulares, essa é a hora de deixá-lo sem fralda: ele perceberá que precisa ir até a privada.

Nessa fase é comum que o xixi escape: não use isso como punição. Fale que da próxima vez vocês terão de correr até o banheiro, e elogie quando ele conseguir ir sozinho. Se as escapadas começarem a ficar regulares, uma das opções é não trocar a criança imediatamente. Deixe que ela fique molhada até se sentir realmente incomodada. Aos poucos, ela tentará evitar esse incômodo avisando sobre o xixi antes de fazê-lo.

Uma dica é começar esse treinamento no verão, quando as crianças fazem menos xixi, pois suam mais e usam menos roupas – o que ajuda em casos de acidentes! Com esse passo a passo, é comum que, em cerca de quatro meses, seu filho se acostume sem as fraldas, mas não se desespere caso ele demore mais, ou mesmo regrida depois de um tempo. Lembre-se de que é uma evolução natural.

... MAS E DURANTE A NOITE?

A retirada da fralda noturna é certamente mais difícil, mas nada que um pouco de treino e paciência não resolvam. O primeiro sinal de que seu bebê está pronto é quando ele começa a amanhecer seco. Passe a oferecer menos líquidos antes da hora de dormir e leve-o ao banheiro antes de se deitar. Se for preciso, acorde-o durante a noite para evitar que a cama fique molhada.

Se o seu filho fica bem sem a fralda durante o dia, e não deixa você colocá-la na hora de dormir, pode ser um sinal de que ele se sente capaz de passar a noite sem ela. Vale a tentativa: mas não se aborreça caso haja "vazamentos noturnos". Uma dica é colocar capa de colchão (compre duas) e aqueles tapetes higiênicos vendidos em *pet shop* entre a capa e o lençol. Assim, você evitará ter de tirar o colchão durante a noite e lavá-lo todas as vezes (e serão muitas) em que acontecer um vazamento.

BANHO E HIGIENE

Uma das atividades mais gostosas para seu filho pode ser um trauma tremendo para você. Não se preocupe: com cuidado e um pouquinho de treino, é fácil dar um banho gostoso no bebê.

Normalmente um banho por dia é o suficiente, a não ser em épocas de extremo calor, se você quiser pode dar o banho antes de dormir ou após a ocorrência de acidentes específicos: caso o bebê tenha vomitado, por exemplo. Mas lembre-se: dê no máximo dois banhos ao dia, mesmo em dias de temperaturas elevadas. Muitos banhos podem retirar uma camada protetora da pele, levando ao risco de ressecamento. O melhor horário para colocar a criança na água é próximo ao meio-dia, quando o ambiente estiver mais quentinho, para evitar o choque térmico. Para isso, também, evite mudanças de ambiente, e procure banhar e trocar o bebê no mesmo local.

Colocando um termômetro próprio para essa situação na banheirinha, você verificará se a água está boa para o bebê. Ele deve ter a temperatura ideal marcada, em torno de 35 a 37 graus Celsius. O antebraço da mãe também serve como termômetro para garantir que a água está morna, ou seja, nem muito quente, nem fria. Isso vale também para o inverno. Os pediatras mais tradicionais recomendam que se filtre a água do banhinho até pelo menos a queda do umbigo (ou seja, por volta do segundo mês).

Lembre-se de retirar anéis e pulseiras, e de deixar as unhas curtas para não machucar o corpinho do seu filho. Posicione a banheira em um lugar estável e amplo, com bastante espaço ao redor, para você se movimentar sem problemas.

O sabonete tem de ser neutro, de preferência de glicerina. E não é preciso esfregar com força. Basta limpar direitinho e com delicadeza cada dobrinha do seu bebê. Uma dica interessante é enxaguá-lo mais uma vez com água corrente limpa e morna logo após tirá-lo da banheira. Pode ser de um chuveirinho ou de uma canequinha preparada e aquecida previamente. Isso evita que os resquícios de impureza presentes na água parada e já suja fiquem no corpo do bebê. É uma maneira de evitar as brotoejas e alergias de pele.

Enrole o bebê na toalha e lembre-se de enxugar com muita paciência cada pedacinho do seu corpo, para evitar micoses. Faça isso com uma fralda de pano, com toques leves na pele, mas deixando-a completamente seca. Para evitar o frio, mantenha o bebê envolto na toalha, com capuz, e vá enxugando-o dos pés à cabeça, parte por parte. E não demore para colocar a fralda!

Caso o bebê relaxe demais e faça xixi ou cocô na água, retire-o imediatamente e recomece tudo de novo. Limpe-o e reaqueça uma nova água.

UMBIGO

O cordão umbilical, que liga a mãe ao bebê ainda no útero, é cortado durante o parto a aproximadamente dois ou três centímetros da barriguinha do bebê. O pedacinho que sobra é chamado de coto umbilical. Já ouviu dizer que o umbiguinho do bebê "caiu"? Significa que o coto umbilical, que já não tem função nenhuma, secou e se desligou do corpo da criança. Isso ocorre normalmente até o 25º dia de vida.

Para a correta cicatrização do umbigo, basta manter a área limpa e seca, evitando infecções. O passo a passo consiste basicamente em limpar toda a área ao redor do coto usando um cotonete com álcool 70%, e deixar secar naturalmente. Caso haja contato de cocô ou xixi no local, limpe primeiro com sabão neutro, e depois com o álcool.

Quando o coto cai, é normal que se crie uma feridinha no local, podendo até mesmo ter um leve sangramento. A área deve ser higienizada durante o banho da mesma forma, com sabão neutro, e logo após com álcool. Deve-se manter a higienização até dez dias após a queda.

Também não é necessário passar nenhum tipo de remédio ou cobrir a ferida com gaze e esparadrapo. Manter a área fechada pode causar mau cheiro e secreções, e até mesmo infecção. Caso haja algum desses sintomas ou vermelhidão no umbigo, é hora de procurar seu médico.

Quando a criança tiver seu umbiguinho propriamente dito, limpe-o diariamente, com delicadeza. Dica: um cotonete umedecido com óleo para bebês e passado fazendo rotações leves limpa o local de maneira hidratada, sem machucar a região.

ORELHAS E OLHOS

As orelhas dos bebês são muito delicadas para o uso de cotonetes. Por isso prefira enxugá-las com uma toalha macia, com bastante atenção para não pular nenhuma dobrinha: deixar as orelhas molhadas pode causar infecção.

Também não se recomenda pingar nenhum tipo de colírio, nem mesmo soro fisiológico, nos olhinhos do bebê. Passe uma fraldinha de pano de maneira leve para limpá-los após o banho. Caso haja necessidade de fazer uma higiene, umedeça a fraldinha e passe nos olhos.

NO CHUVEIRO

A criança pode passar a tomar banho no chuveiro quando tiver total equilíbrio para ficar em pé. Não é seguro que você entre com ela, pois pode escorregar e causar um grave acidente para os dois. Você pode começar com a experiência de colocar a banheirinha dentro do chuveiro, dando o banho ali mesmo. Depois, tente o chuveirinho, para passar então para o chuveiro.

Preocupe-se também com a sua comodidade: tem de ser confortável para os dois. A criança deve se sentir segura para começar a aprender a tomar seu banho sozinha, e deve aprender a usar o sabonete e a esponja, além de determinar a temperatura da água – mas sempre confira antes de colocá-la. Ao mesmo tempo, como você vai ajudá-la, deve estar confortável e ter espaço suficiente para se movimentar.

SONO

Ditos populares existem por um bom motivo: retratam a experiência de quem já passou por determinada situação. Então, acredite na sua mãe e sogra quando elas dizem: "Aproveite todos os momentos em que o bebê estiver dormindo para cochilar também".

A privação do sono é um problema não só para os pequenos. Nos adultos também causa irritabilidade, cansaço e mudanças de humor – e essas são apenas algumas das principais consequências. E, para cuidar do seu bebê, nenhum desses estados será muito bem-vindo.

Portanto, cuide da sua saúde e permita-se aproveitar os momentos de tranquilidade. Para ser uma boa mãe, você não precisará estar acordada 100% do tempo zelando pelo seu filho, mas estar realmente acordada e atenta para quando ele precisar de você.

CADA UM NA SUA

Um dos erros mais comuns é deixar o bebê dormir na cama dos pais. Ali ele não estará seguro, pode virar-se, cair, e até mesmo ir parar embaixo de um dos pais! Já pensou? Por isso, você nunca vai dormir tranquila se estiver ao lado de seu filho na cama.

O bebê no berço, você na cama; em quartos separados, mas próximos; com o auxílio de um intercomunicador (a babá eletrônica). A tentação é grande, mas a função dos pais também é estabelecer limites. Lembre-se de que, pela manhã, a maratona se reinicia, e você precisará estar 100% novamente.

Além disso, outro costume inadmissível quando um bebê fica na cama com os pais é a amamentação. Para que ela ocorra de maneira saudável, há todo um preparo que certamente não envolve você estar adormecida ou deitada! O bebê também não pode estar dormindo. Se for a hora limite para a mamada, acorde-o. Uma dica: se ele insistir em dormir, tire peças da roupinha dele. Muitas vezes ele se sente desprotegido e com frio, acaba chorando e desperta.

O SONO DO BEBÊ

O metabolismo de um bebê é bastante diferente do de um adulto, muito mais acelerado. Imagine que seu filho triplica de peso no primeiro ano de vida, e seu tamanho aumenta quase 50%! O coraçãozinho bate muito mais vezes por minuto que o nosso, e a sua respiração é irregular. Também acredite quando dizem que é durante o sono que a criança cresce: 75% do hormônio de crescimento (GH) é liberado quando adormecemos profundamente. Alguma dúvida de que uma boa noite de sono faz milagres?

No primeiro mês de vida, o recém-nascido dorme cerca de vinte horas ao dia. Porém, essa necessidade de sono diminui, e entre o terceiro e o sexto meses de vida, o bebê pode acordar três ou quatro vezes durante a noite para mamar. Com o passar do tempo, ele começará a sentir fome em intervalos cada vez maiores, e, logo, estará dormindo a noite inteira.

Durante o dia, evite que o soninho ultrapasse quatro horas, pois isso vai, com certeza, se refletir na falta de sono dele na parte da noite, o que é a última coisa que uma mamãe cansada precisa!

QUANTAS HORAS?

A necessidade de sono varia de acordo com a criança. Existe uma média para cada fase, mas não é uma regra.

- Recém-nascido até dois meses: pode dormir de dez até vinte horas por dia.
- Dos dois aos três meses: dorme nove horas durante a noite e cinco horas alternadamente durante o dia.
- Dos seis aos 12 meses: noites de 11 horas de sono mais duas ou três horas de soninho durante o dia.
- Acima de um ano: 12 horas de sono noturno com duas horas de sonecas durante o dia. A partir dos três anos, o soninho diurno diminui até terminar, por volta dos cinco anos.

PASSO A PASSO DO SONINHO

Bebês não sabem diferenciar o dia da noite, por isso é fundamental que os pais criem uma rotina do sono, para que a criança se acostume com o horário de ir dormir. Tente estabelecer um passo a passo, antes do sono, que aconteça todos os dias. Deixe o quarto escuro à noite, com apenas uma luz de emergência, e levemente claro durante o soninho do dia.

Você também pode usar alguns truques para deixar o bebê sonolento, como banhos de água morna próximos ao horário estipulado. Massagens estimulam a circulação sanguínea e melhoram a respiração, além de relaxarem o corpo e aumentarem os vínculos entre mãe e filho. Colocar o pijaminha também é fundamental. Por último, recorra mais uma vez às velhas práticas: historinhas e canções de ninar sempre são uma boa opção. Cantar sempre no mesmo horário, antes de ele dormir, faz com que se acostume com a música e crie o hábito da sonolência ao ouvi-la. Você pode recorrer a CDs específicos, mas não se esqueça de que a sua voz é a melodia preferida do seu filho, ainda que você não seja nenhuma cantora profissional!

Cuidado, porém, para não acostumar o bebê a dormir somente se for embalado. Lembre-se: se ele só adormecer dessa forma, quando acordar no meio da noite, o mesmo processo será necessário. É melhor, então, que ele aprenda a dormir sozinho.

Uma dica interessante é colocar o bebê no berço, de barriga para cima, ainda sonolento – e não totalmente adormecido –, assim ele se acostumará com a ideia de pegar no sono por conta própria. No início, pode ser que ele fique irritado e chore. Tente acalmá-lo com carinho, sem pegá-lo no colo, até que pegue no sono. Se ele chorar durante a noite, repita o carinho até que ele volte a dormir.

NO MEIO DA NOITE

Por mais que o bebê se acostume a dormir no mesmo horário e tenha longas noites de sono, é normal que ele acorde no meio da madrugada. Prepare-se! Tenha paciência e combine com seu companheiro a melhor forma de atender às necessidades do pequeno, prejudicando o menos possível a noite de sono dos dois. Pode ser fome, fralda suja, indisposição ou insegurança. Com o tempo, você aprende.

Pode parecer crueldade, mas não é: se o bebê começar a chorar, espere alguns segundos antes de sair correndo. É normal que ele faça isso ainda durante o sono e, na ânsia de ajudá-lo, você pode acabar apenas acordando-o – e precisando colocá-lo para dormir novamente! Aguarde alguns instantes para ver se ele não volta a adormecer.

MEU FILHO ESTÁ RESPIRANDO?

É muito comum os pais se fazerem essa pergunta. Quando o bebê dorme no berço, a mãe acaba se levantando várias vezes para conferir se está tudo bem. Não fique ansiosa demais. Geralmente, a respiração do bebê é irregular e varia durante o sono. Às vezes, ele respira rápido, resmunga e se contorce. Outras, fica tão estático que é difícil saber se está respirando. Você pode até tocar nele para conferir se está tudo bem, mas faça com delicadeza para não acordá-lo. Caso ele esteja roncando e as alterações sejam muito fortes e frequentes, ligue para o pediatra.

MORTE SÚBITA

Um assunto assustador, mas que deve ser tratado. Os médicos concordam quando dizem que não se sabe praticamente nada sobre a morte súbita, também conhecida como morte do berço: é um quadro de causas desconhecidas. Costuma acontecer em bebês de até cinco meses, mas há casos de crianças de até um ano de idade que vão dormir e, infelizmente, não acordam.

Alguns cuidados podem ser tomados, mas servem muito mais como prevenção. O essencial é pôr o bebê dormindo de barriga para cima. Além de deixar os protetores do berço bem presos, retire tudo o que for supérfluo. Certifique-se de que a cabecinha do bebê se manterá descoberta, e que os travesseiros não são altos ou fofos demais para sufocá-lo. A temperatura do quarto também deve estar agradável, nem muito fria nem muito quente, e o bebê não deve estar muito agasalhado ao dormir.

Mais uma vez, os cuidados básicos que você tomou durante a gestação – distância de cigarros, bebidas e outras drogas – se aplicam também à convivência com a criança, buscando sempre seu bem-estar.

DO BERÇO PARA A CAMA

Quando o bebê começar a ficar em pé sozinho e a se movimentar com mais agilidade, alguns acidentes poderão acontecer. Primeiro, coloque protetores de silicone na barra da grade do berço. Sim, ele vai morder e pular, podendo bater e machucar a boquinha. Seu aventureiro também começará a escalar o berço e poderá cair de cabeça no chão. Vá abaixando o berço até o nível máximo, perto do solo. Se mesmo assim ele conseguir escalá-lo, é hora de mudá-lo para uma caminha.

Prefira uma cama baixa, no chão mesmo. Assim, fica mais fácil para ele descer sozinho e, se cair dela, não acontecerá um grave acidente. Se optar por uma mais alta, coloque grade. Ou escolha uma bicama e abra a cama de baixo todas as noites, para o caso de uma queda.

Não force a mudança de uma hora para outra, pois isso pode trazer problemas na hora de dormir. A melhor dica para esse momento é deixar que seu filho participe da escolha da cama e das personagens dos lençóis e da decoração nova do quarto. Faça com que tudo vire uma brincadeira. A mudança do quarto deve ser significativa para que ele entenda que não é mais um bebê, que cresceu e ganhou importância. Experimente tirar a poltrona de amamentação e tudo o mais que remeta aos tempos de bebezinho.

PESADELOS

Toda criança tem pesadelo. Isso se intensifica mais após os três anos. Os sonhos ruins podem estar relacionados ao que eles viveram durante o dia ou a medos. Se seu filho acordar chorando, tente acalmá-lo com carinho até que ele durma novamente, e invente um final feliz para aquele pesadelo se ele conseguir contá-lo.

Algumas crianças também têm terror noturno. Nesse caso, vai parecer que seu filho está acordado, embora não esteja, e perturbado. Pode até chorar, gritar alto e não escutar o que você diz. Nesse caso, é só acalmá-lo, sem acordá-lo. Às vezes demora, mas ele volta a pegar no sono.

CHUPETA

Atenção a este item porque você vai ouvir de tudo! Especialistas, educadores, amigos e parentes contra e outros a favor. A verdade é que existem pontos positivos e negativos sobre o uso da chupeta. Se você e seu filho optarem pelo uso (muitas crianças não pegam a chupeta), preste atenção: só use modelos ortodônticos para evitar interferências na cavidade bucal, escolha a chupeta de acordo com a idade do bebê e nunca use prendedores na roupa nem paninhos longos amarrados na argola, ambos podem causar sufocamento.

Pontos positivos: até pelo menos os dois anos, a criança está na chamada fase oral, ou seja, quando reconhece o mundo através de sua boquinha. É assim que ela consegue identificar aquilo que lhe faz bem e que a deixa segura, como o peito da mãe. Por associação, a chupeta oferece conforto emocional e promove um laço de afetividade. Enquanto está com a chupeta, o bebê fica mais calmo e consegue lidar melhor com situações tensas, como choros, cólicas, fome e insegurança, pois o ato de sugar deixa os batimentos cardíacos mais regulares, trazendo tranquilidade.

Ela auxilia as crianças que têm dificuldade de sugar e ajuda os bebês prematuros a largar a alimentação por sonda. Além disso, ajuda na diminuição de morte súbita, porque protege o nariz e a boca das cobertas e controla a respiração durante o sono.

Porém, não é porque a chupeta tem pontos positivos que a criança deve ficar o tempo todo com ela na boca. Até porque se isso acontecer, os pontos negativos começam a vir à tona, como: dificuldade no desenvolvimento da linguagem diante da pronuncia das palavras, maior salivação e possíveis problemas respiratórios (já que o bebê tende a respirar mais com a boca quando está com a chupeta). Portanto, não permita o uso indiscriminado da chupeta.

Frequentemente, a chupeta é indicada para a criança conseguir controlar melhor os movimentos necessários à sucção, iguais aos que acontecem quando o bebê desenvolve os movimentos dos lábios e da língua para sugar o peito corretamente. No entanto, as primeiras tentativas para o bebê sugar a chupeta corretamente podem ser muito difíceis, exigindo dos pais muita paciência. Comece a oferecer a chupeta em momentos em que o bebê demonstrar agitação e desconforto, pois ela pode ser um grande auxilio para acalmá-lo. No entanto, tente tranquiliza-lo com carinhos antes de colocar o acessório em sua boquinha. Também evite dá-la após a amamentação, deixe que o bebê satisfaça o ato de sugar no próprio seio. Aliás, substâncias de qualquer origem não devem ser colocadas na chupeta para que o bebê não associe o ato de sugar a sabores e também para que a cárie seja evitada.

COMO TIRAR A CHUPETA

O limite para tirar a chupeta é aos três anos de idade. Contudo, a retirada da chupeta não pode ser traumática. Vá tirando durante o dia até que fique só na hora de dormir. Também faça com que as chupetas "desapareçam" e reste apenas uma. E o mais importante: não puna seu filho quando ele recorrer à velha amiga, ou se substituí-la pelo dedo. Ao contrário, tente distraí-lo, especialmente na hora de dormir, para que pegue no sono sem a necessidade desse "apoio". Conte histórias e cante canções para entretê-lo, e peça sua participação.

Use a sua imaginação: que tal contar com a ajuda da "fadinha da chupeta", que virá buscar o acessório durante a noite e presenteá-lo com um brinquedinho muito mais legal, agora que seu filho já é "gente grande"? Apele também para a troca com o Coelhinho da Páscoa, com o Papai Noel, ou com um personagem que ele adore, que sempre trazem atrativos para os pequenos. A chupeta também pode ser doada para um filhotinho no zoológico ou para um bebê da família que acabou de nascer.

Outra sugestão é furar o bico da chupeta com uma agulha para deixar a sucção ruim, e a criança, assim, deixá-la de lado. Além disso, pode-se molhar o bico em substâncias não tóxicas e amargas, como chá de boldo, antes de oferecê-la à criança. O gosto desagradável também espanta. Mas nunca coloque algo amargo e ácido a ponto de machucar a mucosa da boca, como ketchup, mostarda, pimenta, vinagre, bebidas alcoólicas e afins.

HIGIENE

As chupetas feitas de látex são flexíveis e menos resistentes à esterilização, porém, aguentam mais as mordidas e devem ser usadas quando os dentes começarem a nascer. Enquanto o bebê for pequeno, use as de silicone, que são menos porosas e mais resistentes às deformações. Sempre lave as chupetas com água e sabão neutro e ferva, (por até cinco minutos) para matar os micro-organismos que vierem a se instalar ali. Também troque o acessório mensalmente ou sempre que ele estiver rachado ou danificado. Preste atenção porque existem crianças alérgicas ao látex!

AMAMENTAÇÃO

Não há nada mais lindo na relação entre mãe e bebê do que a amamentação. É um momento único, no qual os dois estão envolvidos num laço de amor só deles. A troca de olhares e o contato físico estabelecem um elo eterno, forte e inexplicável, que só uma mãe pode sentir. Ainda assim, é importante que você saiba que aproximadamente 70% das mulheres têm problemas na hora de amamentar.

Não é só você que está desconfortável com essa situação: tudo é novidade também para o seu filho. Para quem se alimentava através de um cordão umbilical, sem fazer o menor esforço, deve ser muito estranho ter de aprender a sugar a própria comida, você não acha? Então relaxe e aprenda, junto com ele, qual é o melhor caminho. Com paciência e um pouco de treino, vocês pegarão o jeito.

Raramente a dificuldade de amamentação está ligada a motivos fisiológicos. Cansaço, pressão psicológica e desânimo são os maiores vilões dessa história. Por isso, é importante que você durma o suficiente, alimente-se bem – continuando a mesma dieta da gestação, rica em ferro e cálcio – e hidrate-se bastante (com sucos, leite e água) para manter a formação do leite.

Essa é a hora de deixar de lado os muitos palpites que você vai receber e se concentrar apenas no seu bem-estar e no do bebê. Escolha um local tranquilo e acolhedor e peça para quem estiver do lado se retirar, caso você se sinta intimidada ou pressionada. É somente com a prática que descobrirá a posição mais confortável para vocês.

BOM PARA O BEBÊ

Até os seis meses o bebê deve ser alimentado apenas com o leite materno, que tem tudo de que a criança precisa – inclusive água – e é de mais fácil digestão, além de estar sempre pronto e quentinho. Outra vantagem é que o leite materno funciona como uma vacina, protegendo o bebê de muitas doenças. A sucção do peito também é importante no desenvolvimento dos músculos da face da criança, facilitando a fala, a respiração e a formação de dentes fortes e bonitos.

BOM PARA A MÃE

Algumas mulheres, temendo que os seios possam ficar caídos depois do período de amamentação, logo introduzem a mamadeira. Quanta bobagem! Eles são a única fonte de alimentação do seu filho. Deixe a vaidade de lado e pense na saúde dele e na sua. Isso mesmo! A amamentação ajudará você, mamãe, reduzindo seu peso mais rapidamente, minimizando o risco de câncer de mama e de ovário, e ainda recuperando o tamanho normal do útero, o que fará com que seja mínimo o risco de você ter hemorragia e anemia após o parto.

PREPARAÇÃO E CUIDADOS COM OS SEIOS

Antes de tudo, preste atenção: é o seu corpo. Não se esqueça de que, se você não estiver bem, seu filho não receberá o melhor que você poderia dar.

Use sutiãs especiais para amamentação mesmo durante a gravidez. Eles são mais higiênicos, deixam a região mais ventilada, e o contato do seio com o tecido promove o "calejamento" natural do bico. Em caso de vazamento de leite, troque imediatamente o sutiã molhado. Se optar por protetores de seios, prefira os absorventes descartáveis.

Alguns obstetras recomendam o uso de buchas vegetais e conchas de silicone para estimular o mamilo, mas tais práticas devem ser consultadas antes com o seu médico de confiança, assim como a recomendação de tomar sol nos seios antes da amamentação.

Não existe um truque mágico para fortalecer a pele dos seios para evitar as tão temidas rachaduras. Porém, você pode tomar alguns cuidados. Evite lavar a mama antes ou logo depois da amamentação e só jogue água no bico durante o banho: o sabonete pode ressecar a pele e, assim, contribuir para as rachaduras. Não utilize hidratantes, pomadas ou vaselina sem a prévia autorização do médico. Outra dica é retirar um pouco de leite antes e depois da mamada e passar no bico e na aréola. Seu próprio leite tem agentes bactericidas, cicatrizantes e hidratantes. A "pega" correta do bico do peito também evita as rachaduras, portanto, preste atenção à maneira como seu filho está mamando.

COMO AMAMENTAR

Você tem de aprender, mas também precisará ensinar. O jeito como seu filho mama, a chamada "pega", deve ser supervisionado na maternidade pela enfermeira ou pelo pediatra, até você e seu bebê se adaptarem.

Procure sempre amamentar em locais calmos e confortáveis, que não tragam elementos de distração para nenhum dos dois. Você deve estar confortável para ficar na mesma posição durante um bom tempo, até a criança se sentir satisfeita. Use uma almofada de amamentação para ficar de apoio para os seus braços – ela faz toda a diferença – e um banquinho para apoiar os pés.

Você deve estar sentada, e o bebê não pode ficar totalmente deitado durante a amamentação. Mantenha a cabecinha da criança mais alta do que o quadril. É quase como se o bebê estivesse sentado, virado para você (barriga com barriga), com o apoio do seu braço e da sua mão. Se o bebê fica totalmente deitado, o leite pode escorrer para as vias respiratórias e os ouvidos e causar doenças, como otite. Além de existir uma chance maior de engasgo.

A maneira correta de o bebê pegar o bico do peito é abocanhando também boa parte da aréola. Se ele não fizer isso na primeira vez, tire-o do peito e o recoloque, até que fique com a boquinha bem aberta, de preferência com o rosto encostado na sua pele. Segure a criança de uma maneira firme, mas sem força, permitindo que ela respire pelo nariz. Roce o lábio superior do bebê no mamilo para fazê-lo abrir a boca. A sucção deve ser tranquila, sem barulhos exagerados ou covinhas na criança. Quando o neném pega o peito corretamente, o leite sai sem maiores complicações e na quantidade certa, e assim você não precisará fazer força.

Tente alternar o seio. Muitos bebês preferem o peito esquerdo, pois sentem a batida do coração da mãe. Por isso, tente começar pelo direito. Se ele preferir apenas um lado, você poderá mudá-lo delicadamente, sem trocá-lo de braço, apenas levando-o na direção do outro peito e deixando-o na posição invertida. Para fazer o bebê largar a mama, insira seu dedo mínimo no canto da boquinha dele para romper a vedação que se forma no seu peito.

Se você tem mamilos invertidos (para dentro ou achatados), provavelmente precisará de mais determinação para amamentar. O uso de bomba de sucção antes da mamada pode ajudar a puxar o mamilo para fora, facilitando a "pega". Durante o pré-natal, esse é um cuidado que costuma ser desenvolvido com o obstetra.

TEMPO DE AMAMENTAÇÃO

O aleitamento materno exclusivo ocorre até os seis meses, mas não significa que a amamentação tenha de parar aí. Você poderá vivenciar esse momento com seu filho até os dois anos de idade, mas com alguma complementação alimentar.

O ideal é que, entre cada mamada, não haja um intervalo maior do que quatro horas, pois isso influenciará a quantidade de vezes que ele vai acordar com fome durante a noite. Intervalos de duas a quatro horas são normais, com cada mamada durando de dez a trinta minutos. É importante que haja uma alternância no peito oferecido para estimular a produção de leite.

PRODUÇÃO DE LEITE

Aquilo que dizem é verdade: quanto mais o bebê mama, mais leite a mulher produz. Portanto, a amamentação consiste também na criação de um hábito saudável para a nova mamãe e seu filho.

O leite das primeiras mamadas se chama colostro, é amarelo e cremoso. Cerca de três dias após o parto, o leite fica mais aguado e com uma coloração mais branca. Aos poucos, vai ficando mais espesso e rico em calorias.

A mulher precisa ter uma alimentação saudável e adequada, evitando alimentos pesados, como condimentos, conservantes e embutidos, além de cafeína. Também é necessária a ingestão de muitos líquidos. Apenas em poucos casos, a falta de leite está ligada a alguma disfunção mais grave – nunca se esqueça de que seu médico deverá acompanhar todo o processo junto com a família. Existem remédios que ajudam a estimular a produção de leite, mas, principalmente, a cabeça boa e o apoio dos familiares influenciam bastante nesse momento.

E quando oferecer o peito? Seu filho pode estar chorando de fome, mas também pode estar sentindo frio ou algum outro desconforto – até mesmo estar ficando doente.

Dar de mamar não é a única solução para as reclamações do bebê. E você só saberá distinguir qual o tipo de choro (fome, sono, frio ou calor) se deixá-lo chorar um pouquinho, por mais difícil que isso seja. Não faça do seu seio uma chupeta. Ele serve para alimentar o bebê, não para relaxá-lo.

NEM DE MAIS, NEM DE MENOS

É uma pena que os seios não venham com medidor de mililitros, não é? Tudo seria muito mais fácil! Como saber, então, se o seu bebê está mamando o suficiente? Mais do que deveria? Menos do que precisa?

A primeira coisa que você deve ter em mente é que não existe aquela história de "leite fraco". Caso você sinta que o peito não está enchendo como antes, provavelmente isso significa que seu corpo se adequou à quantidade de leite de que o bebê necessita.

O leite materno tem fácil digestão, portanto, não encare como um problema se o bebê estiver sempre com fome. O normal é que um recém-nascido queira o peito entre oito e 15 vezes ao dia, diminuindo para cerca de oito mamadas até o fim da primeira semana.

Também não se desespere se ele perder um pouquinho de peso nos primeiros dias: uma redução entre 5% e 10% do seu peso é considerada perfeitamente normal. Após esse período, mamando adequadamente, ele já deverá começar a engordar.

EMPEDROU?

Um dos problemas que mais assustam as mães de primeira viagem é leite "empedrado", ou seja, quando fica acumulado nos seios. Realmente, esse acúmulo pode causar dor e dificuldade na amamentação e, em casos mais graves, a mastite. A doença nada mais é que a inflamação das mamas, causada pelo entupimento de um ducto mamário, cujos sintomas são febre e manchas vermelhas.

Para se prevenir, o caminho é simples: amamentação correta. Quando o bebê não faz a "pega" corretamente, quando ele abocanha somente o mamilo, sem envolver toda a aréola, o seio não esvazia por completo e o leite "volta" ou não sai, causando o entupimento.

Também, se seu bebê tem o costume de "chupetar" o peito, ou seja, mamar somente no bico, você poderá vir a ter problemas de rachaduras, e alguns médicos defendem que através delas a mãe pode ser infectada pela bactéria da mastite infecciosa.

Se o leite empedrou, não pare de amamentar: isso pode piorar seu caso, pois o seio ficará ainda mais cheio. Tente fazer uma leve massagem enquanto o bebê mama, para ajudar na vazão do leite, e, caso você sinta que os seios estão cheios mesmo após a mamada, experimente fazer a ordenha com as mãos, ou mesmo usando uma bombinha: depois você poderá usar esse leite para alimentar seu filho. Compressas quentes também podem ajudar a aliviar a dor.

O melhor remédio ainda é a mamada correta. Descanse e amamente sempre que puder, e só recorra a remédios para aliviar a dor com a indicação do seu médico.

OPS, ARROTEI!

Em alguns anos você vai ensinar justamente o contrário para seu filho, mas, por ora, ele tem de arrotar. O arroto serve para expelir o ar ingerido acidentalmente durante a mamada – o que não acontecerá se a pega for feita corretamente.

Não se assuste se ele regurgitar após a mamada, pois é apenas um refluxo natural de quem engoliu um pouco de ar. Para evitar essas pequenas complicações, basta segurar o bebê por alguns minutos na posição vertical, apoiando a cabeça dele em seu ombro e o corpinho em seu peito, e esperar que ele faça o resto. Ah, sim: os famosos tapinhas nas costas não ajudam em nada! Faça carinhos leves nas costas dele que o efeito será melhor.

Às vezes, o bebê demora a arrotar ou até mesmo não arrota. Sem problemas, ele apenas não ingeriu ar. Mesmo assim, deixe a criança na posição vertical por alguns minutos para ajudar na digestão. Sem ficar sacolejando o bebê! Lembre-se: ele acabou de comer!

MAMAR E DORMIR

O bebê dormiu enquanto mamava? Quem não dormiria com leite quentinho e no colo da própria mãe? É normal. Ele está no local mais calmo e seguro em que poderia estar. Apenas faça com que ele arrote e deixe-o dormir tranquilamente. E prepare-se: seu bebê vai acordar com fome! Aí, começa tudo de novo...

ENGASGO

Um simples engasgo vira um grande susto se a criança para de respirar. A melhor maneira de agir é ligar imediatamente para um serviço de emergência, como o Corpo de Bombeiros. Só profissionais qualificados podem passar orientações de salvamento e manobras por telefone até a chegada de uma ambulância. Não dê tapas fortes nas costas do bebê, nem o sacuda, nem o coloque de ponta-cabeça, ou você poderá complicar o quadro.

SOLUÇO

No primeiro mês de vida, o bebê pode ter soluços diariamente e até mais de uma vez por dia. Eles estão relacionados com as contrações do diafragma (músculo que separa o tórax do abdome). Isso pode acontecer pela irritação ou pela estimulação desse músculo, que ainda é imaturo.

Muitas vezes, os soluços acontecem devido à posição inadequada na amamentação ou da mamadeira, ou quando ele mama de maneira faminta, rápida e em demasia. Nesses casos, o bebê engole muito ar, que acaba saindo do corpinho dele em forma de soluço. Preste atenção à sucção correta e faça as pausas necessárias durante a mamada.

O que também pode ocasionar o soluço é a mudança na temperatura corporal. Para evitar, troque o bebê sempre em ambiente com temperatura agradável e sem correntes de ar, e nunca se esqueça de colocar uma mantinha nele ao mudar de lugar pela casa ou sair para passear.

Apesar de os pais ficarem muito assustados, o bebê em si não sente incômodo. O soluço é normal se: a rotina de mamar ou dormir permanecer inalterada, a criança não ficar muito irritada com isso, regurgitar além da conta, tossir demais, e continuar a tê-lo com frequência após um ano de idade. Caso contrário, o pediatra deve ser informado.

Deixe o soluço passar naturalmente. Nada de susto! Isso só servirá para causar no bebê medo e angústia, e não para fazer o soluço acabar. O melhor é agasalhá-lo, em caso de frio, e tentar fazê-lo arrotar, para provocar a liberação do ar.

SAPINHO

De repente, o bebê perde o apetite e a mãe entra em pânico. "Será que meu leite não é bom o suficiente?" Calma! Em alguns casos, pode ser sapinho (candidíase oral), caracterizado por manchas brancas, com aspecto de leite coalhado, que aparecem na língua, face interna das bochechas e no canto da boca. O sapinho não é grave, mas deve ser tratado para evitar uma infecção longa e crônica, o que irá acarretar dor profunda e impedirá que seu bebê se alimente.

O sapinho geralmente aparece quando existe uma queda da imunidade ou quando algum processo de higiene não foi adequado. No caso dos bebês, a proliferação do fungo causador do sapinho é maior, visto que seu sistema imunológico não está bem desenvolvido.

Para evitar o surgimento do sapinho, lave as mãos antes de amamentar, mantenha seus seios secos entre as mamadas e limpe a boquinha do bebê com uma fraldinha umedecida com água filtrada após a amamentação. O sapinho também pode ser transmitido para os bicos dos seios, por isso, lave-os bem com água corrente. O contato com pessoas contaminadas também poderá infectar o bebê, por isso, evite e não incentive beijinhos na face da criança. O uso prolongado de antibióticos também pode ajudar na proliferação do fungo.

CÓLICAS

As cólicas que acontecem durante o primeiro trimestre são consideradas normais: fazem parte do amadurecimento do sistema digestivo do bebê e das enzimas que promovem a digestão. Ele se contorce e fica vermelhinho, com os punhos fechados e expressão de dor? E não é essa a reação que temos ao sentir cólicas?

Você pode tomar algumas atitudes para aliviar o desconforto do seu filho, como aquecer a barriguinha dele, colocando-o de bruços e apoiado no seu braço, ou fazendo a flexão de suas coxas no sentido da barriga, para que ele evacue ou libere gases. As bolsas de água quente também são uma boa opção, mas elas nunca devem ser colocadas diretamente na pele do bebê. A criança deve estar vestida, e as bolsas, envoltas em um pano ou toalha. A pele do bebê é sensível, e uma queimadura pode acontecer com facilidade.

Não há um estudo que comprove que substâncias ingeridas pela mãe influenciam diretamente na ocorrência de cólicas no bebê. Porém, existem algumas pesquisas que encontram relação entre a alimentação materna e alergias na criança, passadas através da amamentação. Na dúvida, prefira comidas saudáveis e evite alimentos que causem gases e indisposição, como cafeína e condimentos. Cigarro e álcool nem pensar! Não use remedinhos caseiros como ervas e "chazinhos" sem indicação do pediatra.

E AGORA?

Você ficou doente? Não se preocupe. Quando isso acontece, os mesmos anticorpos que seu organismo produz para combater a doença são passados para o bebê através da amamentação. Fique atenta apenas aos medicamentos que ingere, pois algumas composições podem interferir no leite. Consulte seu médico para saber a melhor opção.

COMO ARMAZENAR O LEITE?

Quando você precisa voltar a trabalhar, deve começar a se acostumar com a extração do leite, ao menos, 15 dias antes. O leite fresco deve ser consumido pelo bebê na hora ou guardado na geladeira por, no máximo, 24 horas. Congelado, ele dura até 15 dias. Para descongelar, é só colocá-lo na geladeira durante 24 horas. O aquecimento deve ser feito em banho-maria, e as sobras não podem ser guardadas novamente. O recipiente correto para armazenar o leite é um vidro, esterilizado, com data e hora em que foi feita a ordenha. Se possível, leve a bomba de sucção para o trabalho e certifique-se de que há uma geladeira para guardar o recipiente até voltar para casa – com o leite em uma sacola térmica.

ALÉM DO LEITE

No caso de a mãe não conseguir amamentar, é exigida uma complementação com fórmulas infantis que trazem os componentes certos para a saúde do bebê e são a forma mais adequada de garantir o crescimento da criança. Fique atenta: leite de soja e leite integral (em pó ou líquido) são proibidos antes dos seis meses e um ano, respectivamente.

Passadas todas as dificuldades, os bicos rachados e as noites sem dormir, uma coisa é certa: você vai sentir falta de amamentar seu bebê. Um dia, as necessidades do seu filho vão mudar, e a criança vai precisar de uma alimentação mais reforçada.

ALIMENTAÇÃO DO BEBÊ

Até os seis meses, a alimentação do seu bebê deve ser feita exclusivamente com o leite materno, evitando, inclusive, água e chás. A partir dessa idade, você poderá começar a introduzir outros tipos de alimento, como sucos e frutas. O ideal é que essa mudança na alimentação seja feita aos poucos, para que seu bebê conheça novos gostos e texturas e se acostume a eles.

Não é simplesmente uma questão de nutrição, é também um processo de aprendizagem. Além do gosto e da temperatura, por exemplo, seu bebê vai começar a entender o que tem de fazer com aquilo – Mastigar? Engolir? – e como utilizar copinhos, pratos etc., treinando os movimentos mecânicos. Lembre-se de que ele precisa aprender a comer. Todo o material deve ser de plástico ou silicone. A colher de metal absorve o calor da comida e queima a boca da criança, além de ferir a gengiva.

Não dê alimentos batidos no liquidificador nem coloque o conteúdo na mamadeira. Amasse as papinhas com o garfo e passe-as na peneira ou num espremedor de batata. Isso vai ajudar seu filho a treinar a mastigação. É necessário que ele exercite os músculos maxilares, preparando-os para suas demais funções, como a fala e a deglutição. Através da mastigação serão desenvolvidos movimentos de língua, lábios e mandíbula importantes na preparação da musculatura da boca para a articulação. A partir do nono mês, os pedacinhos podem ficar maiores, inclusive com a introdução de carnes e legumes picados.

A criança precisa criar um bom hábito alimentar, comendo de forma consciente, visualizando os alimentos e distinguindo seus sabores. Importante: todos os grupos alimentares devem fazer parte da dieta do seu filho. Ele precisa de todos eles, até mesmo os temidos carboidratos e açúcares. Ofereça uma dieta completa para que, com um ano de idade, ele esteja preparado para compartilhar da alimentação da família.

DOCE OU SALGADO?

Os primeiros sucos e papinhas podem ser doces, pois o bebê já está acostumado com o sabor, que é o mesmo do leite da mãe. Fica mais fácil para ele se adaptar às novas texturas se já conhecer aquele sabor. Você pode dar o suco – sempre preparado com frutas naturais – no intervalo da mamada. No início, apenas uma vez ao dia. Ah, eles não precisam ser adoçados.

Comece com cada alimento individualmente, para que o bebê experimente os gostos. Como suco inicial, faça o de laranja-lima – geralmente, eles adoram! Vá oferecendo poucas quantidades até seu filho se adaptar, e só depois aumente. O pediatra deve estabelecer quantos mililitros você deve oferecer por dia. Após algum tempo de adaptação, você poderá dar a papinha de fruta. Inicie com banana amassadinha, pera ou maçã raspadas. Aos poucos, quando já souber as frutas da preferência dele, misture duas ou três frutas amassadas no lanche da tarde, por exemplo.

Lembre-se: algumas frutas são laxantes (mamão, figo, pêssego, ameixa, melancia, melão, tangerina, abacaxi e uva), e outras, obstipantes (banana, maçã, caqui, goiaba e maracujá). Tente equilibrar a alimentação para que o intestino do seu filho funcione regularmente e bem.

PAPINHAS

O almoço pode começar lá pelo sétimo mês, um mês após a introdução da papinha doce. Não exagere no tempero: sal em pequena quantidade, cebola, salsa, cebolinha, azeite ou óleo de canola, de leve, são o suficiente. Não se esqueça de temperar, afinal, comida sem sabor ninguém merece, muito menos seu filho. Uma boa ideia é começar com cenoura e mandioquinha amassadinhas, que têm sabores mais adocicados, e não vão causar tanto estranhamento. Depois, tente um purê de batata.

Uma maneira fácil de escolher como prepará-la é pensando em colocar um alimento de cada grupo na mesma sopa. Por exemplo: arroz, macarrão ou batata (amassados), representando os carboidratos, as proteínas da carne (moída ou bem picadinha) e legumes e verduras (três variedades, bem amassadinhos ou picadinhos). Ao menos no primeiro ano de vida, evite enlatados (há sódio demais neles, ou seja, sal), leite de vaca (há sódio e proteínas em excesso), mel (pode conter esporos, que causam botulismo), amendoim (risco de alergia e engasgo), chá preto (interfere nas reservas de ferro) e frutas não maduras (digestão difícil). E não dê sal e açúcar em excesso. A partir do oitavo mês, já é permitido ovo (nunca cru) e peixe (cuidado com espinhos) na dieta do bebê.

Você deve oferecer água para a criança após as refeições, sempre no copinho, o que ajuda no treino motor. Aliás, para contribuir com a coordenação do bebê, estimule seu filho a pegar alguns alimentos com as mãos. Ofereça, por exemplo, pão molhadinho em sopa, biscoito de água ou maisena e pedaços grandes de frutas sem caroço ou casca.

COMO CONGELAR

Certamente o preparo da papinha para cada refeição é o ideal, porque a deixa mais saborosa; porém, nem sempre é possível. Após cozinhá-la com alimentos frescos e de boa qualidade, separe porções em quantidade individualizada, ou seja, o que o bebê comerá por refeição, e congele, anotando ingredientes e data. Procure fazer isso só com o cardápio de uma semana.

O descongelamento ideal deve ser em geladeira por aproximadamente quatro horas. Lembre-se: uma vez descongelada, a papinha deve ser imediatamente consumida. Fique atenta ao tempo de aquecimento, pois, caso seja muito prolongado, a papa sofrerá perda de nutrientes, além de mudança de consistência dos alimentos. O que não foi consumido não pode ser guardado ou congelado novamente, deve ser jogado fora!

Se for levar a comida durante um passeio, não se esqueça de que a bolsa deverá ser térmica. Procure também não usar outros recipientes, em lugares estranhos, para aquecer a comida. Leve-a consigo em um pote que possa ser aquecido em um micro-ondas.

GASES

É simples assim: faz mal para você? Então, provavelmente, não vai cair muito bem no bebê também. Alguns alimentos podem causar gases e indisposições, especialmente porque o estômago e os intestinos da criança ainda não estão completamente maduros.

Tome cuidado com grãos, carboidratos e doces em excesso. Gordura trans também não faz bem a ninguém. Mas não precisa exagerar: da mesma maneira que não é nenhum pecado comer um docinho de vez em quando, seu filho pode ter o prazer de experimentar!

A regra vale para pais e filhos: alimentação equilibrada e sem exageros. Estudos já comprovam que a dieta dos pais influencia diretamente naquilo que o filho vai comer, e hoje são cada vez mais comuns casos de obesidade infantil e de crianças com doenças "de adulto", como colesterol alto. Seja consciente não apenas no cuidado com seu filho, mas também consigo mesma.

MAMADEIRA

Apesar de não ser indicada por especialistas, muitos pais usam a mamadeira na alimentação dos bebês. Principalmente no caso de crianças que não conseguem mamar no peito durante os seis meses necessários de aleitamento materno ou que começam a se alimentar com sucos e água e não se adaptam facilmente ao copo.

ESTADO DE ALERTA!

Se você optar pela mamadeira, não deixe a criança beber dela estando deitada. O líquido pode escorrer para ouvido e vias respiratórias e causar problemas de saúde, além de aumentar as chances de engasgo. Também não deixe a mamadeira pendurada no berço, à disposição da criança. Sozinha, ela pode tomar da maneira errada e causar acidentes.

Outro problema é a chamada "cárie de mamadeira", ligada ao hábito da criança de adormecer tomando leite ou líquidos açucarados. Durante o sono, a criança diminui a salivação (proteção natural dos dentes), e as bactérias usam o açúcar para produzir ácidos destruidores da dentição. Manchas esbranquiçadas e opacas talvez sejam sinal de cárie, que pode evoluir para uma infecção e afetar os dentes permanentes, ou tornar-se uma porta aberta para que agentes externos penetrem no organismo e causem doenças. Se o bebê só conseguir dormir sugando algo, coloque água na mamadeira. Um a dica é consultar um odontologista logo que nascerem os primeiros dentes.

OPERAÇÃO LIMPEZA

Lembre-se de limpar bem a mamadeira. Depois de lavá-la com água, sabão e uma escova própria, você precisa esterilizá-la para destruir as bactérias. Os germes podem estar tanto na saliva quanto nos resíduos de leite e suco instalados na mamadeira, e só são destruídos em altas temperaturas. A melhor maneira de garantir uma boa limpeza – e a mais segura – é utilizar um esterilizador de micro-ondas, seguindo corretamente as instruções de uso apresentadas no manual. Ferver as partes da mamadeira em água no fogão é arriscado, porque, se estiver cansada, você poderá se esquecer da panela e causar um incêndio.

Assim que a esterilização terminar, retire as peças e as deixe secando. Em seguida, guarde-as em um pote limpo e vedado. O processo completo de limpeza deve ser feito toda vez que a mamadeira for utilizada.

QUANDO TIRAR A MAMADEIRA

A idade ideal é de um ano e dez meses a dois anos. Não use a mamadeira para acalmar o bebê. Assim, será mais difícil tirar o hábito. Vá trocando-a pelo copo, com bico dosador ou com canudinho, durante as refeições, a partir de quando seu filho completar um ano.

Quando tirar a mamadeira, não volte atrás. Seja firme! Diga que seu filho não é mais bebê e que agora vai beber suco, água e leite como o papai e a mamãe. Se preferir, faça esse processo junto com a retirada da fralda e da chupeta, como um ritual de passagem mesmo.

TABELA DE CURVA DE CRESCIMENTO

Estas tabelas vão ajudá-la a controlar o desenvolvimento do seu filho em relação à altura. Sua análise correta deve ser feita pelo pediatra.

Gráfico de Altura X Idade – 0 a 2 anos
Menina

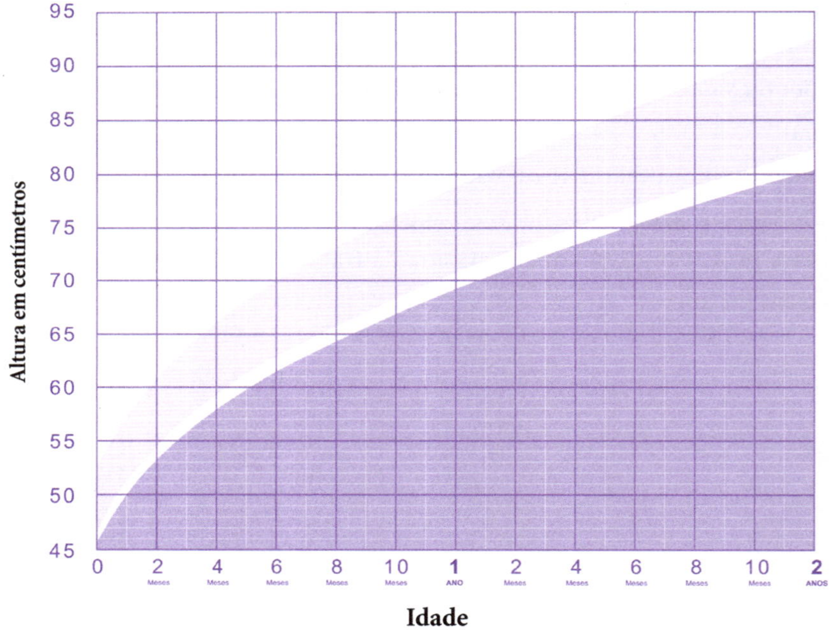

Ótimo
Sua filha está com a altura ideal.

Atenção
Sua filha está um pouco abaixo da altura ideal.

Cuidado
Sua filha está com a altura muito abaixo do ideal.

Acompanhe mês a mês o crescimento de sua filha marcando a altura na tabela. Qualquer alteração, converse com seu pediatra.

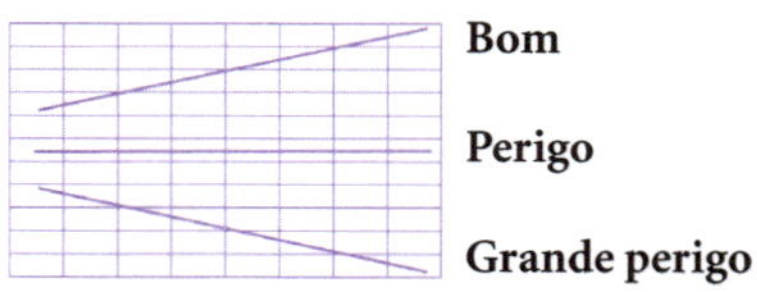

Fonte: OMS 2006

Gráfico de Altura X Idade – 0 a 2 anos

Menino

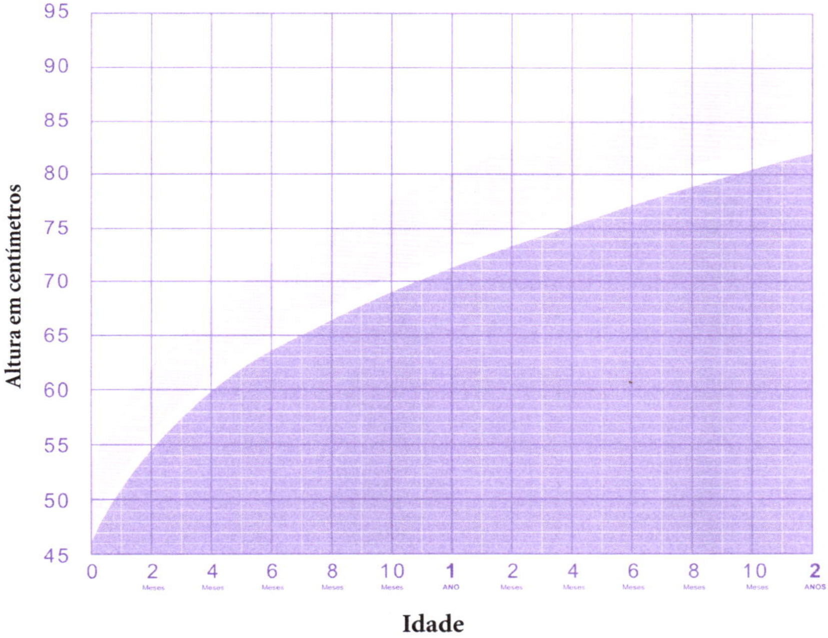

Ótimo
Seu filho está com a altura ideal.

Atenção
Seu filho está um pouco abaixo da altura ideal.

Cuidado
Seu filho está com a altura muito abaixo do ideal.

Acompanhe mês a mês o crescimento de seu filho marcando a altura na tabela. Qualquer alteração, converse com seu pediatra.

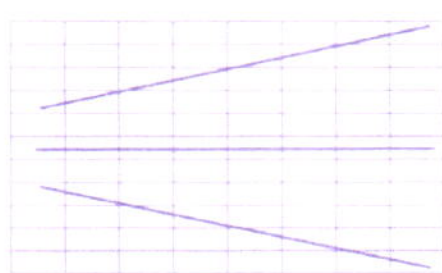

Bom

Perigo

Grande perigo

Fonte: OMS 2006

TABELA DE CURVA DE PESO

Estas tabelas vão ajudá-la a controlar o desenvolvimento do seu filho em relação ao peso. Sua análise correta deve ser feita pelo pediatra.

Gráfico de Peso X Idade – 0 a 2 anos

Menina

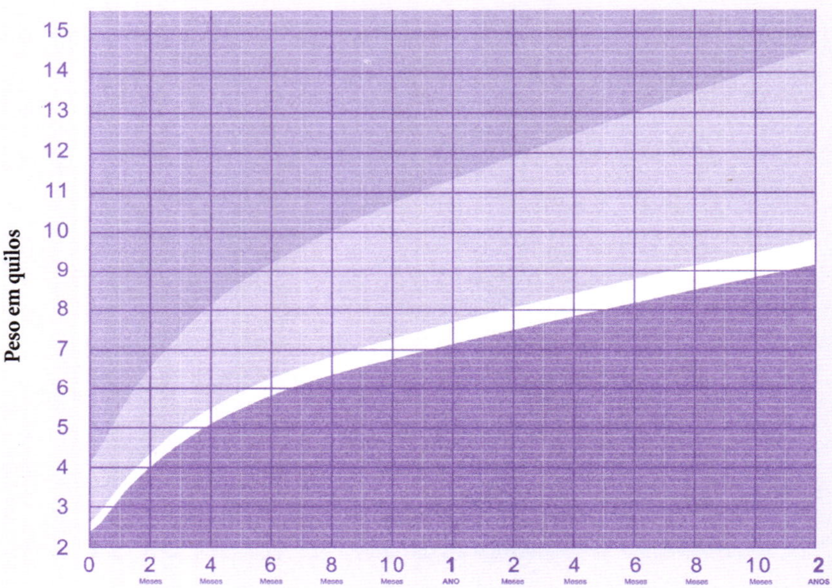

Ótimo
Sua filha está com o peso ideal.

Atenção
Sua filha está um pouco abaixo do peso ideal.

Cuidado
Sua filha está com o peso muito acima do ideal.

Cuidado
Sua filha está com o peso muito abaixo do ideal.

Marque mês a mês o peso de sua filha na tabela. Qualquer alteração, converse com o pediatra.

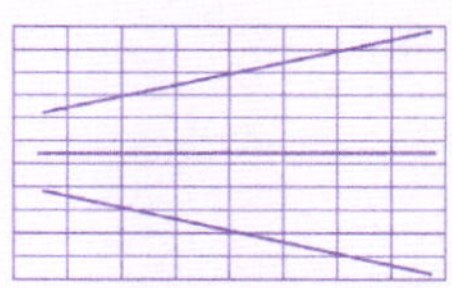

Bom

Perigo

Grande perigo

Fonte: OMS 2006

Gráfico de Peso X Idade – 0 a 2 anos

Menino

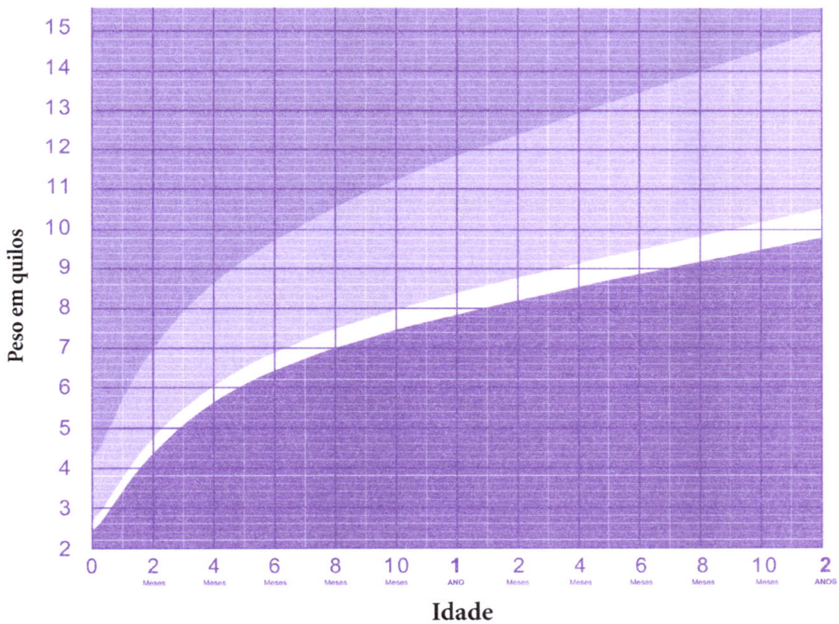

Ótimo
Seu filho está com o peso ideal.

Atenção
Seu filho está um pouco abaixo do peso ideal.

Cuidado
Seu filho está com o peso muito acima do ideal.

Cuidado
Seu filho está com o peso muito abaixo do ideal.

Marque mês a mês o peso de seu filho na tabela. Qualquer alteração, converse com o pediatra.

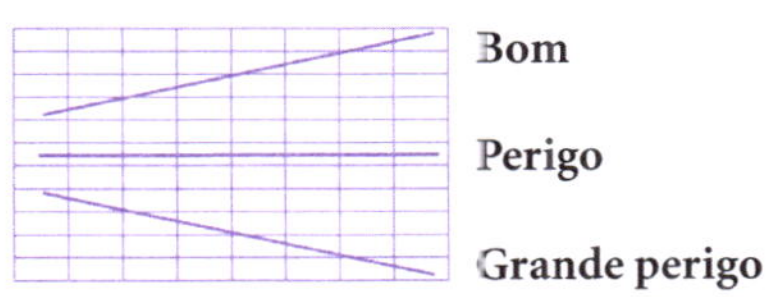

Fonte: OMS 2006

PRIMEIROS DENTES

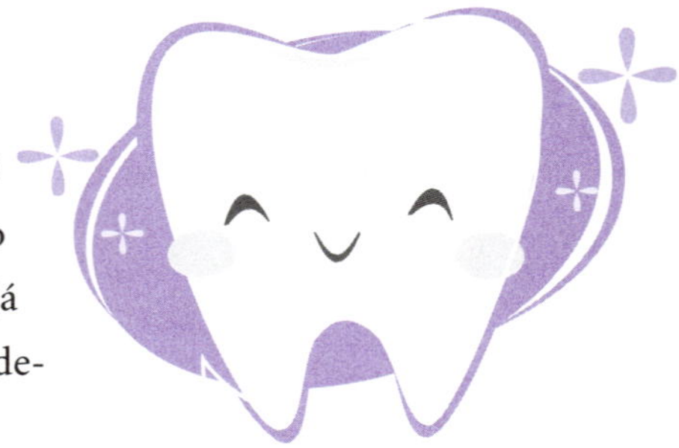

É difícil falar de um padrão para o nascimento dos dentinhos. Normalmente, o que ocorre é o aparecimento de um dente por mês, a partir do sexto mês, mas há tantos casos em que o bebê já nasce com um dente quanto outros em que eles demoram a aparecer, e nascem todos juntos.

Varia de acordo com o bebê, mas, pediatricamente falando, não influencia em nada no desenvolvimento da criança. Até os três anos, seu filho deverá estar com todos os dentinhos de leite, dez em cima, e dez embaixo.

É importante que se tenha o acompanhamento de um odontopediatra a partir do segundo ou terceiro dente, para instruções de higiene e checagem da saúde bucal.

HIGIENE

Mesmo antes de os dentinhos nascerem, é importante que haja a limpeza da boca, gengiva e língua, com uma gaze com água filtrada. Pode ser feita até três vezes ao dia.

Com a erupção dos dentes, no entanto, tem início a utilização da escova de dente apropriada à idade, pequena e com cerdas macias. Coloque o pequeno sentado em seu colo e peça a ele para abrir a boquinha, ou estimule a abertura de leve, com seu dedo. Cuidado ao deixar a cabeça do bebê inclinada, pois essa posição pode causar engasgos. E peça a ajuda dele para segurar a escova, assim o bebê se habitua ao ato da escovação e garante um sorriso saudável.

INCÔMODO

Os sintomas de que os primeiros dentinhos estão chegando são claros: seu bebê pode ter febre e se recusar a comer, além de apresentar sono e humor alterados e até mesmo diarreia. As gengivas coçam e podem ficar inchadas e esbranquiçadas.

Tome cuidado nessa fase, pois seu bebê levará tudo à boca. É hora de investir nos mordedores, que massageiam a gengiva e aliviam um pouquinho o incômodo. Uma dica é colocá-los na geladeira antes de os dar ao seu filho, pois o geladinho vai conferir uma leve anestesiada no local.

PRECOCE

Há casos em que crianças já nascem com dentes: são os chamados dentes neonatais. Se o dente não estiver causando nenhum incômodo, pode ser deixado na boca. Porém, na maioria das vezes, ele começa a machucar a língua do bebê e o seio da mãe durante a amamentação. Além de haver o risco de o dente cair e o bebê engasgar. O procedimento indicado é a visita ao odontopediatra, que vai avaliar o caso, podendo realizar um polimento do dente. Se for necessário, ele poderá ser extraído, para evitar que o bebê aspire-o acidentalmente.

PRIMEIRAS EXPERIÊNCIAS

Muitos estudos mostram que o desenvolvimento mais intenso do cérebro ocorre até o segundo ano de vida. É quando as modificações de comportamento acontecem de maneira mais rápida, num curto espaço de tempo. Todos os estímulos são captados e absorvidos de uma forma muito mais proveitosa.

Por isso é tão importante que se estimule o desenvolvimento do seu bebê. Além do cuidado dedicado à sua saúde, o tempo destinado à brincadeira e interação com os pais e outras crianças é fundamental para seu aprendizado.

Agora, cuidado! Com a correria habitual do dia a dia, pode sobrar muito pouco tempo para que você e seu filho se divirtam juntos. Afinal, em uma rotina em que trocar fraldas e alimentar o bebê compete de igual para igual com atender às demais necessidades da família, isso pode acabar ficando em segundo plano. Contudo, é preciso lembrar que as brincadeiras são importantíssimas não apenas para estimular, de diversas maneiras, o desenvolvimento do pequeno, como para aumentar ainda mais a intimidade entre você e seu filho, reforçando bastante o elo que vocês terão.

Assim, é importante sempre reservar um tempinho para isso, escolhendo aqueles momentos em que ele está bem descansado e alimentado.

BRINQUEDO É COISA SÉRIA

Não é só diversão. É com brinquedos e brincadeiras que a maior parte do aprendizado infantil acontece. Com as atividades lúdicas, desenvolvem-se as habilidades globais do bebê, como as motoras e as cognitivas. O comportamento, aos poucos, se torna mais refinado. Ele passa a reconhecer cores, formas, texturas e adquire melhor a percepção espacial e do próprio corpo.

Por isso, leve a sério a brincadeira de seu filho: é muito mais que apenas um passatempo. E, mais que isso, perceba a importância de brincar junto com ele: ensiná-lo e vê-lo evoluir são algumas das maiores recompensas que você pode ter como mãe.

É importante que cada brinquedo acompanhe as etapas do desenvolvimento de seu filho e, ao mesmo tempo, não apresente perigo a ele.

TRÊS E QUATRO MESES

É a partir do terceiro mês que o bebê começa a observar melhor o que acontece ao seu redor. Ele já é capaz de seguir os objetos com os olhos até, aproximadamente, um ângulo de noventa graus. Por isso, tem mais interesse pelos brinquedos. Tudo o que "se mexe", com cores e barulhos, vai atrair o interesse da criança. É a hora de investir em móbiles, chocalhos, mordedores, em brinquedos macios com diferentes texturas, cores, luzes e sons. O bebê ainda não tem capacidade de imitar os barulhos que ouve. Ele produz sons ao acaso, fazendo-os com a língua e com a boca.

Nesta fase, eles adoram brincar com as próprias mãos. Estimule o bebê colocando na mão dele chocalhos e mordedores, para que ele aprimore a habilidade de pegar os objetos que estão à frente. Como nesta fase o bebê leva tudo à boca, prefira brinquedos macios, adequados para essa prática e que possam ser limpos com água e sabão. Com o nascimento dos dentinhos, seu filho vai querer mastigar tudo para aliviar a coceira das gengivas, então cuidado com os itens que vão ficar ao alcance dele.

CINCO E SEIS MESES

A exploração e a percepção do próprio corpo ficam mais evidentes. Além da mão, o bebê começa a segurar o pé e levá-lo à boca. Ele já é capaz de passar um objeto de uma mão para a outra. Invista em brinquedos de ação e reação e que possam ser manipulados como argolas, blocos e chocalhos, naqueles em que ele possa bater e amarrotar, ajudando nas habilidades cognitivas. Aproveite essa fase para oferecer suas mãos e deixá-lo se esforçar para levantar as costas e ficar sentado (ainda com apoio).

SETE E OITO MESES

Depois do sexto mês, a criança vai começar a se equilibrar sentada, mas ainda pode precisar de apoio. Cada vez mais, vai gostar de interagir com as pessoas. É importante brincar bastante com o bebê, estimulando-o a rolar e a se arrastar para pegar objetos à distância. Por isso, escolha brinquedos de ação e reação.

Quando ele começar a ficar sentado com firmeza, pode passar a engatinhar e se apoiar para ficar em pé. É a hora de encher a casa de almofadas e tomar cuidado com o ambiente em que ele vai ficar. O bebê adora brinquedos que flutuam no banho. Não se esqueça de que também existem livros coloridos e de plástico para usar na água.

NOVE, DEZ E ONZE MESES

Prefira brinquedos que incentivem a criança a andar: que rolem e caminhem ou que ela possa puxar e empurrar. Até o décimo mês, invista em objetos móveis, como andadores de brinquedo que possibilitam o andar junto com apoio (atenção: estamos falando de brinquedos que são movimentados pela criança, não dos andadores onde a criança é colocada dentro para andar). Eles são importantes para fazê-la ficar em pé e estimular o desenvolvimento do equilíbrio.

O bebê pode se interessar em ver a si mesmo em superfícies espelhadas. A percepção do próprio corpo também pode ser estimulada através de brinquedos, canções e cantigas que pontuem as partes do corpo humano.

A partir dos dez meses, o polegar e o indicador já estão coordenados e conseguem segurar objetos com firmeza. São indicados brinquedos menores que possam ser segurados com a mão. Aliás, os bebês começam a examinar bem aquilo com que brincam, por isso, os objetos devem ser bem atrativos. São bem-vindos brinquedos de empilhar e de encaixe simples, para incentivar o processo de tentativa e erro. A interação com outras crianças é muito importante para o desenvolvimento global.

A PARTIR DO PRIMEIRO ANO

A diversão está completa: seu bebê já está andando pela casa, e tudo agora pode virar brinquedo. Cuidado: acidentes podem acontecer. Lembre-se de deixar o ambiente em que seu filho vai brincar completamente seguro para suas aventuras. Uma habilidade interessante que ele desenvolve nesse período é a capacidade de organização. Empilhar, agrupar, colocar em filas, tudo isso pode interessar à criança: basta você ajudar.

A experimentação das ações e as possibilidades estão à flor da pele no primeiro ano de vida. É a hora de rechear o baú de brinquedos com instrumentos musicais infantis, como pianinhos e tambores. Ele vai fazer muito barulho. A imitação também faz parte dessa fase: coloque-o ao seu lado na cozinha, e ele se tornará um grande *chef* francês brincando com a farinha! Aproveite e invente brincadeiras divertidas, fazendo com que ele seja seu parceiro em tudo.

Entre um ano e meio e dois anos seu filho já estará em uma idade segura para ganhar triciclos e bicicletas infantis. Reserve um espaço amplo para que ele se divirta. É hora também de investir na interação social: chame amiguinhos da mesma idade para brincar com ele, pois é importante que ele saiba se comportar no meio de outras crianças.

Nesta fase, a criança começa a aprimorar o entendimento da ação e reação, da causa e feito: se apertar um botão, a portinha abre; se deslizar esse interruptor, a luz acende. Auxilie estas descobertas com brinquedos que tenham esses recursos, como réguas e mesas de atividades, além de brinquedos com chaves, para estimular a imitação.

Importante: é a hora de trazer para seu filho o essencial hábito da leitura. É claro, ele não saberá identificar as palavras, mas, com certeza, sabe dar os nomes corretos às imagens. Livros infantis recheados de ilustrações e texturas promovem o apego por esses objetos que serão tão importantes no seu futuro.

Os brinquedos podem ser utilizados durante todo o desenvolvimento infantil. O que muda é a forma de brincar. Sempre opte por brinquedos seguros.

DE ENGATINHAR A ANDAR

A maioria dos bebês começa a demonstrar iniciativa para engatinhar entre os seis e os dez meses. É normal que nessa fase ele comece a rolar ou a se arrastar com a barriguinha no chão. É a vontade de se movimentar, de sair do lugar. Há também crianças que pulam a parte do engatinhar e começam a andar rapidamente. Por mais legal que possa parecer, deve-se resgatar o engatinhar, um movimento importante para o desenvolvimento da coordenação motora e essencial para o fortalecimento dos músculos do seu filho.

Nessa fase, seu bebê já é capaz de se equilibrar de quatro e levantar a cabecinha para olhar ao redor. Não se assuste se nessa época houver alguns tombos: ele logo vai se levantar sozinho. Aos poucos, começará a dar pequenos passos, balançando para os lados.

O movimento do joelho se aperfeiçoa lá pelos nove meses, e além de levantar-se para engatinhar, ele também consegue sentar-se após o movimento. Nem todo bebê engatinha. Muito menos consegue fazer o movimento cruzado: braço direito e perna esquerda, e vice-

-versa. Não se preocupe se ele começar a engatinhar de lado ou de marcha a ré. Cada bebê tem seu tempo de aprendizagem, mas, em breve, ele estará desbravando toda a sua casa!

SEGURANÇA

Essa é a hora de começar a tomar cuidado com cortinas, toalhas de mesa e qualquer outro objeto ao alcance do seu filho: tudo virá abaixo! E na cabecinha dele! Seu filho estará procurando lugares onde se apoiar para levantar o corpinho e, consequentemente, andar.

É preciso comprar protetores de tomada, de portas (para que elas não batam e peguem o dedinho da criança) e de quinas de mesa, além de travas para gavetas, armários e tampas de privada. Redes de proteção e travas para janelas também são fundamentais. Também afaste móveis, como camas, que ficam perto de janelas e podem servir de escada. Quem tem piscina em casa precisa colocar grades que fiquem trancadas. Escadas vazadas devem ter redes de proteção e portões com trancas, em todos os andares, que impeçam a passagem dos pequenos. Medicamentos devem ficar bem longe do alcance da criança. Na cozinha, cuidado com forno quente (criança adora se ver no espelho da tampa e colocar a mão) e evite cabo de panelas para fora do fogão. Na área de serviço, tranque os produtos de limpeza; nunca passe roupa com a criança por perto, porque seu filho pode puxar o fio do ferro e se queimar; e não deixe baldes e bacias com água no chão, pois a criança pode escorregar, cair dentro de cabeça e se afogar.

FALA

Papai ou mamãe: o que ele vai falar primeiro? A disputa é acirrada! Um dos momentos mais aguardados pelos pais é aquele em que ouvirão a voz de seu bebê dizendo uma palavrinha correta. A linguagem é construída antes mesmo de a criança conseguir falar, por isso é essencial que seja estimulada desde sempre. Seja durante a amamentação, seja antes de dormir, procure conversar com seu filho e cantar para ele. O processo de aprendizagem é lento e contínuo e, quando você menos esperar, sua casa terá mais uma voz falando o tempo todo.

CADA FASE, UM SOM

Nos primeiros meses, o bebê começa a emitir sons ao acaso, apesar de parecer que está conversando. Por volta dos sete meses, iniciam os gritos e as primeiras tentativas de falar papai ou mamãe. Esses sons vão se desenvolvendo até existir a sílaba, quando surgem as palavras isoladas como gu-gu da-dá, papa e mama. Mas, normalmente, entre os dez meses e o final do primeiro ano, é que ele diz "papa" e "mama" quando quer solicitar o pai ou a mãe para conseguir algo. A partir daí, começa a entender bem as palavras repetidas. Quando completa um ano, passa a articular até quatro palavras seguidas. Introduza brinquedos que acompanhem o desenvolvimento da linguagem oral e que estimulem a imitação como telefones, computadores, panelinhas, bonecas e carrinhos.

SEM TATIBITATE

Por mais tentador que seja, evite falar com seu filho na língua dos bebês. É muito bonitinho ouvi-lo falando errado e dando nomes criativos às coisas, mas isso pode se tornar um empecilho no desenvolvimento da fala correta. Claro, não adianta reprimi-lo e tentar corrigir. A melhor maneira é falar corretamente.

Quando ele começa a gritar "acá!", a melhor saída é responder: "Ah, você quer água?". Dê ênfase à pronúncia correta da palavra e incentive-o a imitá-la. Também evite que ele adquira o hábito de apontar quando quer alguma coisa. Se a criança tiver tudo o que quer somente para não ficar irritada, vai acabar perdendo a necessidade de aprender a se expressar. Assim, se seu bebê apontar para a bola e fizer barulhinhos indicando que quer brincar, pergunte: "Você quer o quê? A bola? Quer a bola?".

Sempre estimule a associação. Em todos os momentos em que estiver com seu filho, dê nome às coisas que pega e às pessoas que os cercam. Na hora do banho, por exemplo, mostre e fale o nome do sabonete, da toalha e das partes do corpo. Diga quem é a mamãe e o papai, o que é a mamadeira, a chupeta etc.

É importante que a fala faça parte da vida da criança desde cedo, e que ela tenha o estímulo necessário para desenvolver suas habilidades naturalmente. Cante com ela, conte histórias, e sempre converse muito, mostrando quais são as pessoas, as sensações e os objetos que fazem parte da sua vida. Exatamente por isso torna-se fundamental a convivência com outras crianças, e a escolinha ou o berçário são ótimos lugares para aprender mais.

BABÁ X AVÓS X BERÇÁRIO

Um dos maiores benefícios previstos na lei para as futuras mamães é o direito à licença-maternidade: licença para um período de 180 dias úteis (seis meses) – prazo em vigor desde janeiro de 2010 – totalmente remunerado. Mas preste atenção: para usufruir da licença-maternidade, a empresa em que você trabalhar tem de estar cadastrada no Programa Empresa Cidadão, do Governo Federal.

SEPARAÇÃO INEVITÁVEL

Quando sua licença acabar, não terá jeito: você precisará escolher com quem deixar seu bebê, pois sua rotina terá de voltar ao normal. Portanto, babá, avós ou berçário? Todas as possibilidades têm seus prós e contras.

BABÁ

Muitas mães têm preconceito na hora de deixar os filhos com uma babá, já que ela não é uma pessoa da família e sua presença pode ser considerada invasiva. Porém, tente pensar nessa pessoa como uma profissional que estará ali para apoiar, não para agir como uma substituta dos pais. É uma profissão como qualquer outra, que, além de um intenso treinamento e experiência, exige vocação e dedicação total.

Como escolher a babá ideal? Na verdade, você não conseguirá nunca encontrar a pessoa perfeita, mas aquela que mais se encaixará nas necessidades de sua família.

Existem várias agências que indicam profissionais qualificadas, mas é importante que você cheque as referências de cada profissional e algumas outras informações básicas antes de tomar sua decisão. Antes mesmo de entrevistar a candidata, você pode fazer uma breve pesquisa, procurando saber onde ela mora e quais são seus contatos pessoais. Mais importante ainda é checar com seus antigos empregadores as referências – vale até mesmo visitar as casas deles e perguntar sobre o relacionamento entre eles.

Apesar de essa checagem boca a boca ser fundamental, a documentação da profissional não deve ser deixada em segundo plano. Registro em carteira de trabalho, cartas de referência e até mesmo uma busca de antecedentes criminais podem ser requisitados. Também procure identificar a escolaridade da candidata, bem como cursos relacionados ao cuidado de crianças pelos quais ela tenha passado. Geralmente, as agências também fazem essa checagem e passam para as mães.

Após uma seleção prévia, você deve entrevistar pessoalmente as candidatas que mais a agradaram. Além da empatia e do que o instinto materno vai dizer, a desenvoltura de cada candidata com o seu filho e a sua relação com a família vão lhe apontar, naturalmente, a melhor escolha.

Além de experiência, é fundamental que a pessoa tenha vocação e não encare isso apenas como mais um trabalho. Procure sentir qual a relação da babá com a própria família. Ela tem ou pretende ter filhos? Como cuida deles? Por que escolheu essa profissão? Certamente, uma pessoa apaixonada pelo que faz será capaz de passar por situações difíceis com muito mais calma e tranquilidade.

Ela parece realmente amar o que faz? Como reagiria no caso de um acidente? E se vocês não estiverem em casa para orientá-la? Como essa profissional lida com crianças teimosas ou mal-educadas, que brigam e não querem dormir? Qual a experiência dela com crianças na idade da sua? Crie situações hipotéticas – mas que tenham grandes chances de acontecer – e observe a reação e a resposta da candidata. Certamente aquela que lhe passar mais confiança através das respostas vai também agir com mais sabedoria em uma situação difícil.

Se você conhece alguém e quer contratá-la, algumas agências oferecem cursos de atualização e preparação para babás. Vale a pena, pois no preço também estão inclusas a avaliação psicológica e a checagem de documentação.

Tendo escolhido a pessoa perfeita para a família, seja completamente transparente quanto às condições de trabalho e regras que você quer estipular: apresente os horários, a possibilidade (ou não) de fazer hora extra, questione a disponibilidade de comparecer durante uma emergência, a necessidade do uniforme.

Você pode fazer um cronograma das atividades da criança. Isso ajudará a babá na programação do dia e também permitirá que você acompanhe seu desempenho. Não perca de vista que, por mais que a babá faça parte da dinâmica familiar e até mesmo crie vínculos fortes, a relação primordial entre vocês é profissional. Lembre-se de que ela também é um ser humano e pode ficar doente e ter imprevistos. Ou seja, pode faltar quando você menos espera.

Prós: relação profissional e cuidados exclusivos.

Contras: é uma pessoa estranha, está sujeita a ter imprevistos e deixar você na mão.

AVÓS

Sabe aquela história de que avó é mãe duas vezes? Pois é. Ela já passou por tudo isso: fraldas sujas, noites sem dormir, choros misteriosos, dúvidas e inseguranças. E passou com louvor – o que pode ser muito útil para você.

Além de ser uma pessoa em quem você confia totalmente – estamos falando de sua mãe ou de sua sogra, bem como de seu pai ou de seu sogro, que amam seu bebê tanto quanto você ou seu companheiro –, trata-se de alguém que possui exatamente o que você precisa no que diz respeito ao cuidado de crianças: experiência. Lembre-se de que ela já passou por todos os desafios e aflições que você vai enfrentar.

Com ela, você descobrirá que muitos dos problemas pelos quais seu bebê vai passar são absolutamente normais e esperados, e que eles têm uma solução muito mais fácil do que você imaginava. Não se surpreenda se a vovó mostrar mais jeito com seu filho do que você, se for mais rápida na hora de trocar as fraldas ou identificar imediatamente as razões do choro: ela já passou por tudo isso antes, então aproveite para aprender com ela.

Além disso, os avós têm uma grande vantagem em relação a babás ou escolinhas: a flexibilidade de horários. Você tem um casamento a que não pode deixar de ir, mas seu bebê ainda é pequeno demais? Precisa sair correndo à tarde para ir ao banco e não tem com quem deixá-lo? Pode ter certeza de que os avós estarão de prontidão, e você poderá fazer tudo o que precisa tendo a certeza de que o seu filhinho estará num ambiente tão seguro quanto dentro de sua casa.

Mas a grande vantagem no relacionamento entre os avós com seu bebê é o carinho. Não se surpreenda se eles parecerem sentir mais amor pelo seu filho do que você mesma – enquanto para você o bebê ainda é uma novidade que alterou toda a sua vida, para eles aquela nova vida dentro da família é fonte de total alegria. E isso é absolutamente normal – pode apostar que quando eles estavam criando você, seus avós se sentiam da mesma forma a seu respeito.

Apesar de tanta facilidade, alguns cuidados são necessários. Por conta de toda a proximidade, os avós podem acabar se vendo no direito de interferir na educação do seu filho de uma maneira que você nem sempre vai concordar. Evite sobrecarregá-los com muitos pedidos e não exija que eles tenham o mesmo pique com crianças que você e seu companheiro, que são muito mais jovens. Além disso, nem sempre o que deu certo com sua mãe há mais de vinte anos vai dar agora. Tente mostrar as modernidades sem magoar a avó com as sugestões antigas dela.

Existe também aquele ditado que diz que os pais educam e os avós estragam. Isso pode se tornar verdade, já que seus pais ou sogros podem mimar demais seu filho. Procure resolver qualquer um desses problemas com uma boa conversa. Desentendimentos e desgastes familiares são frequentes nesse tipo de situação. Principalmente entre sogra e nora. Você terá coragem de falar sobre suas exigências e contrariedades com a sua sogra?

Por mais que seus pais e sogros mostrem mais experiência que você nos cuidados com o bebê, jamais passe toda a responsabilidade para eles. Você é a mãe, e todas as decisões a respeito da saúde e do bem-estar do bebê cabem a você e a seu companheiro, e a mais ninguém. Os avós estarão ali de prontidão para ajudar sempre que você precisar, mas cuidado para não transformar isso em uma muleta, deixando o seu bebê somente nas mãos deles.

Prós: amor incondicional ao seu filho, experiência e flexibilidade de horário.

Contras: mimos e abalos na relação familiar.

BERÇÁRIO

Outra opção bastante popular para mães que precisam voltar ao trabalho são os berçários. Diferentemente da babá e dos avós, o berçário não a deixará na mão, porque não falta, não fica doente nem tem imprevistos. Geralmente, eles funcionam durante todo o ano, fechando apenas na semana de Natal e Ano-Novo. Porém, é um assunto mais delicado do que os anteriores porque muitos pais demoram a se sentir confortáveis ao ver o filho sair de casa e "começar a ter contato com o mundo" sem a sua supervisão.

É importante ter em mente que essa situação é absolutamente normal e acontecerá mais cedo ou mais tarde – e, acontecendo mais cedo, as chances de a criança se adaptar com mais facilidade são maiores. Assim, evite pensar que você está abandonando seu filho – pelo contrário, se você escolher a escolinha certa, ele será muito bem cuidado por profissionais, além de aprender a se relacionar com outras crianças.

Outro medo constante dos pais a respeito desse assunto é que a criança fique mais vulnerável a doenças, justamente por estar em contato com outros bebês que vêm de casas e famílias diferentes. É verdade. Só que, mais uma vez, isso aconteceria mais cedo ou mais tarde – não apenas na escola, mas em clubes, shoppings, no parquinho do prédio. Por isso, converse sempre com o pediatra responsável pelo bebê. Com seu acompanhamento constante, ficará bem mais fácil decidir se seu filho deve ou não permanecer na escolinha.

Vale lembrar que não existe uma idade ideal para a criança começar a frequentar o berçário. A ideia mais aceita é que seja em torno de dois anos, pois, mais crescidinha, ela poderá aproveitar melhor as atividades oferecidas, além de estar com o sistema imunológico mais desenvolvido. Todavia, muitos pais não podem esperar tanto, e, uma vez encontrando um bom berçário, que atende às suas expectativas, não há nada de errado em matricular o seu filho antes.

Muitas vezes, os pais dão mais trabalho que os filhos nessa primeira separação. Culpa, pena e sensação de abandono são alguns dos sentimentos que muitos casais podem sentir. Mas é importante saber que essa decisão é bastante importante para a criança, que começa a experimentar um pouco de liberdade, descobrindo um pedacinho do mundo por conta própria. Levar mordidas, morder e disputar brinquedos são situações que fazem parte do aprendizado da vida.

O segredo é saber que o bebê estará protegido e em um ambiente saudável, aprendendo e brincando com profissionais aptos a proporcionar esse universo. Uma criança que foi criada com amor e respeito lidará muito bem com isso. Não tente enganar a criança e fazer com que ela só perceba que está indo para a escolinha quando chegar lá. Isso fará com que ela cresça desconfiada não apenas dos adultos, mas do próprio berçário, o que impedirá que se sinta à vontade lá dentro. Geralmente, as crianças choram só quando os pais a deixam na porta. Segundos depois, já estão brincando e rindo, enquanto os pais choram de saudade e culpa.

Prós: oferecimento de experiências com a ajuda de profissionais.

Contras: doenças típicas da infância acontecem com mais frequência.

GÊMEOS: ESPECIFICIDADES

Não um: dois! Às vezes, três, quatro... Se já era difícil imaginar-se tendo de cuidar de um bebê completamente dependente de você, e agora que serão dois? A chave para o sucesso é: organização e ajuda. Lembre-se de que você ganhou dois filhos, mas é uma mãe só! Portanto, o auxílio de seu companheiro e de sua família será essencial.

Um dos momentos mais difíceis do processo é a hora da amamentação. O ideal é que você coloque os bebês um em cada peito: assim os dois mamam na mesma hora, e você consegue manter uma rotina bem acertada. Também auxilia na sua produção de leite. Porém, se achar a posição muito incômoda, pode optar por dar de mamar àquele bebê que acordar primeiro. Mas tenha sempre uma mamadeira a posto, se possível com leite materno retirado recentemente: se seu outro filho despertar, vai ter choradeira!

Todas as atividades "normais" dos cuidados de um bebê vão ter de contar com atenção dobrada: você nunca deve deixar um de seus filhos sozinho. Por isso, deixe claro à sua família que alguém sempre deverá estar ao seu lado para ajudar nas trocas de fraldas, banhos, e mesmo na hora de comer, quando forem mais grandinhos.

DIVERSÃO EM DOBRO

Mesmo com todo o esforço redobrado que você vai ter, acredite: a recompensa também vem em dose dupla. Com gêmeos, você vai poder se divertir ainda mais vendo seus filhos crescerem. É como se eles sempre tivessem um amiguinho ali ao lado, pronto para bagunçar junto!

Eles vão crescer juntos, brincar juntos, e descobrir ao mesmo tempo etapas do seu desenvolvimento um com o outro. Muitos gêmeos, por exemplo, criam uma linguagem própria para se comunicar entre si! A cumplicidade entre os irmãos é intensa e, muitas vezes, provocam reações inexplicáveis: já ouviu dizer que um sente o que o outro sente?

MÃE, EU SOU DIFERENTE!

Porém, é necessário que a família tome um cuidado enorme no tratamento de gêmeos. É fundamental que se mantenha em mente que são duas pessoas diferentes, com suas particularidades e individualidades. Respeitar as características únicas de cada um ajuda em seu desenvolvimento, além de preservar uma relação saudável entre os irmãos, sem competição.

Por isso, nada de comparações. Quando se tem gêmeos, é normal que elas apareçam, pois um deles sempre vai ser mais simpático, ou vai começar a falar mais rápido, ou ainda vai ser mais dorminhoco. É importante que isso não seja mostrado às crianças, já que pode causar pequenos traumas e rivalidades desde cedo.

Sempre estimule as individualidades. Se um de seus filhos parece ter aptidão para a música, compre instrumentos musicais infantis. Mas nunca force a outra criança a desenvolver a mesma habilidade. Ela quer participar? Veja se não gosta mais de outro instrumento ou mesmo de cantar junto. Mas nunca force esse aprendizado, que só vai causar problemas.

Outro exemplo dessas comparações prejudiciais são as roupinhas. É realmente irresistível comprar macacõezinhos iguais para seus meninos, não é? Provavelmente, assim que souber que vai ter gêmeos, dúzias de "coisas em duplas" vão aparecer! Camisetinhas, meias, sapatinhos, brinquedos... Tudo é muito bonitinho, mas fique atenta à hora em que seus filhos começarem a escolher as próprias coisas. É importante respeitar o gosto de cada um, para que se sintam diferentes e descubram eles mesmos a sua preferência.

E, por último, cuidado ao achar que os gêmeos "se bastam". A socialização com outras crianças continua sendo importantíssima, para que descubram, sim, as diferenças. Divergências, conflitos e até as brigas fazem parte do aprendizado. Gêmeos podem, inclusive, ter amiguinhos diferentes. É normal e saudável.

PRIMEIRA FESTA

Lembra quando você estava procurando dicas sobre a gravidez e lendo sobre qual seria a melhor maternidade para o momento do parto? Parece que foi ontem, não é?

Tudo passou muito rápido. E, apesar de todas as dificuldades, da insegurança e das noites maldormidas, você vai descobrir que sentirá saudade de cada um dos momentos únicos que viveu com seu filho. Por isso, a comemoração do primeiro aniversário dele é um presente muito maior para você.

MEU PRIMEIRO ANINHO...

Não exagere: nessa idade, dificilmente seu bebê vai se importar se o bolo terá ursinhos ou carrinhos. Também não faz diferença que seja uma pequena reunião familiar ou uma festa de arromba. Aliás, essa é uma das coisas a que você tem de ficar atenta: estamos falando de uma criança pequena, que não está acostumada com pessoas estranhas, nem com muita movimentação.

De preferência, opte por um horário em que seu filho esteja descansado, e nunca ultrapasse quatro horas de festa: nem você nem ele vão aguentar. Antecipe alguns contratempos básicos, como uma retirada estratégica para trocar as fraldas, ou mesmo para um soninho rápido. Para isso, uma boa ideia é manter por perto trocadores e cantinhos mais reservados, para seu filho e os amiguinhos ficarem mais à vontade, e para as mamães darem de mamar.

Nessa idade, a não ser que você tenha crianças maiores na família, também não é necessário se preocupar com atividades recreativas: basta um espaço amplo e seguro com alguns brinquedos no chão para a criançada engatinhar livremente. Deixe para investir em festas mais divertidas e elaboradas nos próximos anos, quando tudo o que você vai querer é que alguém faça o papel de entreter os pequenos por alguns minutos!

Pense na comida e na bebida que seus convidados adultos vão preferir: não há regras. Apenas tome cuidado ao servir pratos que contenham "pequenas partes", como castanhas e amendoins, que os bebês podem engolir acidentalmente. Também pense nisso quando for escolher pratinhos, copos e outros utensílios e enfeites. A famosa velinha do bolo, por exemplo, pode se tornar muito atrativa para a mãozinha do aniversariante em plena hora do parabéns. Já pensou?

TEMA

Mais uma vez, não exagere: seu bebê não vai se importar muito com a cor dos balões. Procure compor um ambiente agradável para as crianças e pense que as principais pessoas que vão apreciar sua decoração são seus familiares, amigos e convidados. Talvez valha a pena até mesmo guardar parte do dinheiro e investir mais na comemoração de dois aninhos. Que tal?

Com a criança mais crescida, você pode abusar das cores e formas. Mas fuja do convencional: super-heróis e desenhos animados são bonitinhos, mas aposto que você já viu uma decoração igual em algum lugar, não é? Aposte na sua criatividade, e pense em temas que agradem sua família e tenham a ver com ela.

Seu companheiro tem ascendência oriental? Por que não aproveitar isso e decorar a mesa com docinhos que imitam sushis? Outra sugestão interessante é resgatar elementos da infância dos próprios pais, como peões, pipas e brinquedos antigos. Você nem precisa gastar muito: mescle fotos do seu filho com algumas da sua infância e cole-as nas paredes com fitas adesivas coloridas, ou faça um mural. Com certeza, seus convidados irão adorar!

EM CASA OU NO BUFÊ?

Há uma enorme oferta de bufês que planejam festas. Além do espaço, eles oferecem decoração e atividades adequadas para todas as idades e temas – e bolsos! Pode ser uma ótima opção para quem não tem muito tempo para organizar todos os detalhes, quer dar uma festa com muitos convidados, ou não tem espaço suficiente em casa.

Com os bufês, não há muita preocupação: você escolhe o tipo de festa que quer e, basicamente, basta aparecer com seu bebê e os convidados no horário e local marcados. Além de evitar o estresse, outra vantagem é poder contar com profissionais especializados e serviços que vão de convites personalizados a shows e apresentações inesquecíveis. Isso sem falar que esses locais podem até mesmo se parecer com parques de diversão, com montanhas-russas e rodas-gigantes!

Se optar por uma festa desse tipo, atente à localização e à facilidade para seus convidados chegarem ao local. Para se informar sobre a qualidade do lugar, não tem erro: vá a outras festas! Conheça o ambiente, veja como a equipe (desde os monitores até os garçons) trabalha – e aproveite para checar a comida!

E, mais importante: tire todas as suas dúvidas antes da festa e confira o que o bufê oferece, para evitar contratempos de última hora: às vezes, você precisa contratar, por exemplo, um fotógrafo à parte.

PARA REGISTRAR

Seja preparando uma pequena reunião com a família, seja organizando os detalhes de uma superfesta, você certamente vai ter algum trabalho. O "antes" pode ser complicado, mas saiba que o "durante" também será atribulado: antes de tudo, você é nada menos que a mãe do astro do momento! E terá de se preocupar com seu bebê "cumprimentando" todos os convidados, alimentando-se direitinho, e ainda cuidar para que ele esteja limpinho e bonito na hora de cantar parabéns.

Com tudo isso, é essencial que exista alguém para registrar todos os momentos, pois muitos deles passarão em branco para você. Pode ser um fotógrafo profissional, como também um primo que se voluntarie com a câmera da família. Se tiver uma câmera de vídeo, por que não gravar depoimentos dos presentes, pensando em mostrar a seu filho quando ele estiver maior? É uma ótima recordação.

LEMBRANCINHAS

A lembrancinha não é obrigatória nem a parte mais importante da comemoração. Pense especialmente em alguma coisa útil, para que ela esteja presente no dia a dia dos seus convidados. Blocos de anotações, porta-retratos e caixinhas são sempre uma boa opção. Você pode personalizar os objetos para que todos levem algo único e com a carinha da festa do seu filho.

Se entre seus convidados a maioria também tiver filhos, pense nas crianças: que tal um CD com canções de ninar? Ou uma régua de crescimento? Ou até mesmo um livro com histórias infantis?

DAQUI EM DIANTE...

Será cada vez mais divertido organizar e participar das festas de aniversário de seu filho! Conforme ele cresce, vai interagir mais com o ambiente, brincar com os amiguinhos e participar das atividades. Essa é a hora de investir em elementos lúdicos, como shows de mágicos e palhaços, e piscina de bolinhas. Se a festa for grande e com muitos convidados, vale a pena pensar em contratar monitores que deem a atenção necessária às crianças.

Seu filho e os amiguinhos ainda são pequenos, então, tome cuidado com apresentações que durem muito tempo, pois eles se distraem facilmente – o ideal é não ultrapassar quarenta minutos. Pense em brincadeiras em que os convidados realmente interajam e participem – e não apenas fiquem assistindo –, e que sejam fáceis de ser executadas. Corrida com o ovo na colher, corrida de sacos, dança da cadeira... Os clássicos nunca saem de moda! E se tiver um espaço ao ar livre disponível, melhor ainda! Todos vão se divertir.

VIDA SOCIAL DA MÃE

Assim que você anunciar a gravidez, a maioria das pessoas ao seu redor vai alertá-la: você nunca mais conseguirá recuperar a vida que levava antes. Isso porque cuidar dos filhos envolve tanto tempo, atenção e dedicação que as pessoas acabam acreditando que será impossível recuperar a rotina antiga.

Não é bem assim. Realmente, quando você virar mãe – e especialmente durante os primeiros anos do seu filho –, será difícil conseguir um tempo para as suas atividades, mas isso está longe de ser impossível. Basta um pouco de organização e vontade de ser, além de mãe, mulher, esposa, namorada, amiga, filha...

ATIVIDADES COM O BEBÊ

É importante que a mulher volte, aos poucos, a ter uma rotina normal. Isso inclui passeios e atividades simples, que ajudam a deixar a vida mais leve e a relaxar a mente.

Porém, sem poder deixar o bebê sozinho, muitas vezes – até mesmo sem perceber – a mãe coloca a própria vida de lado, o que não fará bem a ninguém. Mas a boa notícia é que existem iniciativas interessantes de atividades para os dois, mãe e filho, que proporcionam diversão e momentos de intimidade.

É o caso do Cinematerna, sessões de cinema para mães com bebês de até 18 meses. Os filmes são para a diversão dos adultos, mas as salas são equipadas para o conforto das crianças. O som e a iluminação são reduzidos e o ar-condicionado é mais suave. O lugar tem até trocador!

Nas salas adequadas, seu filho pode brincar com amiguinhos no chão especialmente adaptado para que engatinhem sem problemas, enquanto você espairece um pouco com uma boa comédia ou uma história de amor emocionante sem perder seu filho de vista. Além disso, após a sessão, as mães se reúnem para bater papo não apenas sobre filmes, mas também sobre os pequenos, trocando dicas e experiências.

Outra iniciativa legal é a *yoga* para mães e bebês, chamada de *babyoga*. A prática ajuda a mãe a voltar à sua antiga forma, ganhando flexibilidade, resistência e melhorando o tônus muscular, enquanto o bebê desenvolve sua habilidade motora, além de ficar mais calmo. A maior parte das posturas é tradicional da *yoga*, apenas adaptada para que a mãe consiga fazê-las em conjunto com o bebê. Na verdade, a prática é mais voltada a ela, enquanto seu filho torna-se um acompanhante. Ajudando-o a praticar os movimentos da *yoga* num ambiente tranquilo e de intimidade, a relação com seu filho só tem a ganhar.

As aulas de natação também podem começar cedo, com apenas um ano de idade. Além de se divertir na água e trabalhar o sistema respiratório, ele também aprende a ter um melhor equilíbrio e adquire melhor desenvolvimento motor. E o delicioso é que você entra na água e interage com ele.

Você também poder tomar atitudes simples, como levar o bebê no carrinho para caminhar em um parque. É gratuito e faz bem ao corpo e à cabeça. Enquanto seu filho toma sol e passeia, você faz um exercício, vê gente, muda de ares e relaxa.

MATERNIDADE ATIVA

Essas práticas fazem parte de um conceito chamado maternidade ativa, que vai muito além das questões físicas e de diversão. Consiste, basicamente, em ter uma gestação e um pós-parto conscientes, sem se esquecer da própria saúde, e estender esse cuidado ao seu bebê.

Isso porque essas iniciativas fazem com que a mãe seja cada vez mais participante na vida do filho, compartilhando seu aprendizado e suas descobertas, e acompanhando de perto as suas dificuldades, o que gera uma maternidade consciente. A ideia é fazer com que você mantenha uma atitude positiva sempre, mesmo diante das muitas dificuldades naturais que vêm da criação de um filho.

Talvez seja muito mais difícil ser mulher hoje do que no tempo de nossas mães e avós, quando bastava apenas ser "a rainha do lar". Hoje, todas somos mães, esposas, namoradas, mas também profissionais dedicadas e bem-sucedidas. Somos filhas, também.

O importante é que você, como mãe, não se anule como pessoa. Antes de ser mãe, você é mulher. Seu filho é a coisa mais importante da sua vida, mas, em primeiro lugar, você tem de estar bem consigo mesma para cuidar bem dele. Pare e pense: o que lhe faz bem? Com certeza, essa será a melhor atividade para levar uma vida saudável e feliz com a sua família.

COMO A MÃE É CHAMADA...

Albânia: ***nënë***

Alemanha: ***mutter***

Arzebaijão: ***ana***

Bulgária: ***mauka***

Croácia: ***majka***

Dinamarca: ***mor***

Eslováquia: ***matka***

Eslovênia: ***mati***

Espanha: ***madre***

Estônia: ***ema***

Finlândia: ***äiti***

França: ***mère***

Grécia: ***màna***

Havaí: ***makuahine***

Holanda: ***moeder***

Hungria: ***anya***

Índia: ***maji***

Indonésia: ***ibu***

Inglaterra: ***mother***

Irlanda: ***mháthair***

Islândia: ***móðir***

Israel: ***Ima***

Na Itália: ***madre***

Lituânia: ***motina***

Noruega: ***mor***

Polônia: ***matka***

Romênia: ***mama***

Rússia: ***mama***

Suécia: ***mamma***

Turquia: ***anne***

Vietnã: ***me***

Conclusão

Ter lido este guia não significa que você já sabe tudo e que a vida não irá lhe preparar algumas surpresas. A maternidade é uma experiência imprevisível, e cada viagem tem as peculiaridades. É por isso que ser mãe é o único trabalho que não entedia ninguém, nunca.

O segredo é não perder o encanto. Permita-se o prazer da surpresa e da emoção, as mesmas que você viveu quando viu pela primeira vez o seu bebê no ultrassom. E, apesar de este manual dar algumas dicas de como lidar com situações que, cedo ou tarde, todas as mães enfrentam, permita que seu filho a guie também. Acredite nele e, mais ainda, nos seus instintos. E quando o medo bater, não tenha receio de perguntar.

Senhoras passageiras, sejam bem-vindas ao primeiro destino: o mundo da maternidade. E preparem-se para o inesperado, porque muitas outras conexões e paradas as levarão a novos destinos. A brincadeira está apenas começando!

Conheça outros títulos da Panda Books feitos especialmente para as mamães:

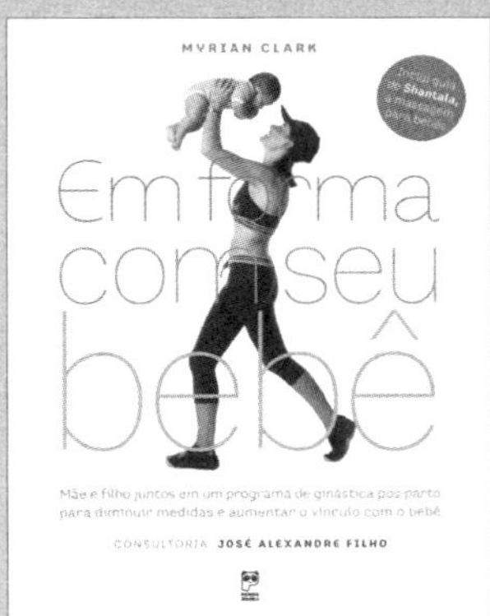